Babette Neumann

Mutter in Balance

Ein Ratgeber für berufstätige Frauen, die gelassen durch die ersten Kinderjahre gehen wollen

Brillant gestimmt

Bibliografische Information der Deutschen Nationalbibliothek: Die Deutsche Nationalbibliothek verzeichnet diese Publikation in der Deutschen Nationalbibliografie; detaillierte bibliografische Daten sind im Internet über dnb.dnb.de abrufbar.

Die automatisierte Analyse des Werkes, um daraus Informationen insbesondere über Muster, Trends und Korrelationen gemäß §44b UrhG („Text und Data Mining") zu gewinnen, ist untersagt.

Verlag Brillant gestimmt
Babette Neumann
Straße 97 Nr.40 13156 Berlin
kontakt@brillant-gestimmt.de

© 2026 Babette Neumann
Autorin, Herausgeberin & Gestaltung Babette Neumann

Alle Rechte vorbehalten.
Jede Form der Weitergabe oder Veröffentlichung ist nur nach vorheriger Zustimmung möglich.
In diesem Buch habe mich für eine klare und einfache Sprache ohne Genderformen entschieden - alle sind angesprochen, wo immer es passt.
Die erwähnten Namen und Situationen stammen aus meiner Vorstellung und sind nicht real. Etwaige Ähnlichkeiten sind zufällig.

Details zu meinen Angeboten findest du auf folgenden Webseiten:
www.brillant-gestimmt.de
www.mutterinbalance.de

ISBN 978-3-9828209-0-3

Mutter in Balance zeigt berufstätigen Müttern, wie sie Souveränität und Gelassenheit in ihr Leben holen können. Basierend auf eigener Erfahrung und mit fundiertem Know-how zeigt das Buch, wie sich Familie, Beruf und persönliche Bedürfnisse harmonisch vereinbaren lassen.
Mit praktischen Impulsen, Reflexionsfragen und kleinen Übungen unterstützt es Selbstfürsorge, gesunde Routinen und bewusste Entscheidungen – für ein Leben, das sich leicht, klar und freudig anfühlt.

Babette Neumann begleitet Frauen auf ihrem Weg, Familie und Beruf in Einklang zu bringen. Als Coach, Stimmtrainerin, erfahrene Chorleiterin und Mutter von 3 Kindern verbindet sie ihr pädagogisches Wissen mit viel Empathie und einer großen Portion Praxisnähe. Sie ermutigt Frauen, mehr Leichtigkeit zu finden, ihren Alltag zu entlasten und mit Präsenz und innerer Ruhe aufzutreten. Ihr Fokus: Zuversicht, Selbstvertrauen und nachhaltige Stärke.

Für meine Kinder.
Mit euch ist das Leben wärmer, weiter und heller.
Es ist schön, dass ihr da seid.

Dein Weg durch dieses Buch

Aufbruch
Vom Spagat zum Gleichklang ... 9

I MUTTER ... 17

1. Werte erkennen. Mutig handeln. Zuversicht stärken. ... 21
2. Pausen einlegen. Kraft sammeln. Gelassen werden. ... 31
3. Balance schaffen. Träume leben. Selbstwirksam sein. ... 45
4. Unterstützung finden. Rückhalt spüren. Netzwerke pflegen. ... 61
5. Stress reduzieren. Energie tanken. Wohlbefinden fördern. ... 91
6. Klarer planen. Übersicht behalten. Kopf entlasten. ... 123
7. Kleine Schritte. Große Wirkung. Lebensfreude. ... 139

II KIND ... 159

1. Sicherheit. Geborgenheit. Wie Kinder Vertrauen entwickeln. ... 163
2. Liebe. Zuwendung. Wurzeln, die tragen. ... 183
3. Freiheit. Orientierung. Halt geben und Raum schenken. 201
4. Ernährung. Bewegung. Gesunde Kinder - fit und stark. . 219
5. Spielen. Lernen. Sich entfalten. Dein Kind entdeckt die Welt. ... 245
6. Zuhause. Freunde. Miteinander. Verbunden aufwachsen. 263

III FAMILIE ...285

1. Klarheit. Wärme. Wie gute Strukturen Stabilität bringen. ...289
2. Nähe. Freiraum. So gelingt Harmonie. ...307
3. Hand in Hand. Den Haushalt als Team meistern. ...323
4. Halt im Alltag. Unterstützende Ideen für turbulente Zeiten. ...343

Ankommen
Mit Optimismus weitergehen.
Kreiert euer individuelles Familienkonzept. ... 373

Übungen in den Kapiteln erkennst du am ☆.
Reflexionimpulse sind mit einem ✽ markiert.

> Aufbruch.
> Vom Spagat
> zum Gleichklang.

Auf den Bühnen des Lebens

Tag für Tag jonglierst du zwischen Familie, Beruf und den vielen Anforderungen des Lebens und manchmal fühlt es sich an, als würde dich der Alltag überrollen. Du wünschst dir, die Welt für einen Augenblick anzuhalten, damit du dich besinnen, kurz durchatmen und neue Kraft schöpfen kannst. Aber sie dreht sich einfach unablässig weiter und du versuchst Schritt zu halten.

Dieses Situation ist mir bestens bekannt, denn ich habe drei Kinder großgezogen und war gleichzeitig selbstständige Musikerin. Mein Alltag war ein sportliches Kunststück: Chorproben und Wäscheberge, Zahnarzttermine, Klaviernoten, Eierkuchen, Konzerte – und natürlich Kinderkrankheiten immer genau dann, wenn es am wenigsten passte.
Manche Tage liefen wunderbar – die Kinder waren zauberhaft, alles schien leicht und ich hatte Energie.
An anderen dagegen verrann die Zeit wie feiner Sand zwischen meinen Fingern, der Tag hatte einfach zu wenig Stunden für Vielzahl an Aufgaben.
Ich wollte allem gerecht werden, alles möglichst gut machen – und vergaß dabei oft, mir selbst eine Pause zu erlauben. Natürlich hatte ich auch Unterstützung, und doch fühlte ich mich manchmal wie in einem Strudel, in dem alles gleichzeitig an mir zog.

Selbstfürsorge?
Am Anfang erschien mir das fast un-möglich. Doch nach und nach wurde mir klar: Ich wollte mein Leben nicht einfach nur bewältigen, sondern be-wusst mit Freude, Leichtigkeit und einem guten Gefühl für mich und meine Kinder gestalten.

Also begann ich, mich intensiver mit den Themen Zeitmanagement, Stressbewältigung und Balance zu beschäftigen. Ich absolvierte eine Coachingausbildung und lernte Methoden, die mir halfen, meine Bedürfnisse zu erkennen, ernst zu nehmen und meine Wünsche zu erfüllen. Das gelang mir mit der Zeit immer besser.

Heute sind meine Kinder erwachsen und gehen ihre eigenen Wege. Ich lebe in einem Umfeld, das mir guttut, und bin dankbar für meinen Weg.

Und doch lässt mich die Frage nicht los, wie Frauen mit Kindern und Beruf ihr Leben leichter, erfüllter und gesünder gestalten können.
Wie viel einfacher wäre manches für mich gewesen, hätte ich mein Wissen schon früher gehabt – und wie sehr hätte es unser Familienleben bereichert! Weniger Zweifel, dafür mehr Klarheit und Leichtigkeit im Alltag. Auch mehr Vertrauen in mich selbst – in mein Leben mit Familie und Job.

Oft treffe ich Mütter, die heute auch vor den gleichen Fragen und Herausforderungen stehen wie ich damals.
Es liegt mir sehr am Herzen all die Dinge, die mir selbst geholfen haben - die erprobten Strategien, die kleinen Tricks und hilfreichen Gedanken - weiterzugeben.
Und so entstand die Idee für dieses Buch.

Ich schreibe es in einer Doppelrolle, aus der Sicht einer Mutter und mit dem Blick einer Coachin.
Ich möchte dir zeigen, wie du manche Abkürzung nimmst, um dein Leben so zu gestalten, in dem du deine Kinder liebevoll begleitest und zugleich beruflich erfüllte Wege gehst.
Einfach ist das selten, denn selbst mit den allerbesten Vorsätzen läuft nicht immer alles nach Plan.
Nimm Pannen mit Humor, rücke deine Krone zurecht und sieh jeden kleinen Stolperstein als Chance für Wachstum und Entwicklung.
Behalte dich dabei gut im Blick und freu dich über jeden noch so winzigen Erfolg.

Und nun - Auf geht´s, machen wir uns gemeinsam auf den Weg!
Ich wünsche dir auf deiner Entdeckungstour durch dieses Buch Rückenwind, Leichtigkeit und viel Freude.

Wohin die Reise geht

Dieses Buch möchte dich als Mutter, Berufstätige und Frau mit jüngeren Kindern begleiten.
Es wird dich unterstützen und dir hilfreiche Impulse geben, damit du deinen turbulenten Alltag mit Souveränität, mit mehr Klarheit und in Balance gestalten kannst.
Es wird dir Antworten auf Fragen geben, bei denen du selbst nicht weiter weißt. Und es soll dich stärken, damit du selbstbewußt und sicher agieren kannst. Vielleicht regt es dich auch an der einen oder anderen Stelle zum Nachdenken an. Bestimmt aber wirst du nach dem Lesen mit neuem Schwung in deinen Alltag starten.

Hier geht es darum, wie du deinen Kindern die besten Voraussetzungen für ein glückliches und gesundes Aufwachsen ermöglichst – und dich dabei gleichwertig im Blick behältst.

Das Leben als Mutter ist voller Liebe und schöner Momente – und zugleich oft eine echte Herausforderung. Zwischen Kinderlachen, Terminen, Arbeit und Haushalt bleiben kaum Zeit und Raum für dich selbst. Und viele Frauen kennen das Gefühl für alles und alle da zu sein, während die eigenen Träume und Vorstellungen verblassen und hinten anstehen.

Genau das war vor 150, 100 und sogar noch vor 50 Jahren normal. Jetzt im 21. Jahrhundert aber hast du die Chance, ein ausgeglichenes Familienleben zu führen, dich selbst zu (be)achten und gut für dich zu sorgen. So schaffst du ein erfülltes Dasein für dich und einen idealen Ausgangspunkt dafür, dass die nächste Generation in Geborgenheit und Harmonie aufwächst.

Folgende Themen ziehen sich wie ein roter Faden durch alle Abschnitte und geben dir wertvolle Impulse.

- **Selbstfürsorge mit gutem Gewissen**
  Denn eine zufriedene, starke Mutter ist die beste Basis für das Aufwachsen glücklicher Kinder.

- **Alltagstaugliche Strategien**
  Damit du kleine Veränderungen sofort und ohne großen Aufwand umsetzen kannst.

- **Ideen für mehr Leichtigkeit**
  Triff bewusste Entscheidungen, die dir und deiner Familie guttun.

- **Mehr Klarheit und Struktur**
  So gelingt euch ein harmonische Tag, ihr gewinnt innere Ausgeglichenheit.

Du erfährst, wie du als Mutter für deine eigenen Sehnsüchte und Ziele sorgst – von Ruhe, Erholung, sozialer Unterstützung bis hin zu wertvoller Balance durch kluges Zeitmanagement.
Wir tauchen ein in die wichtigsten Grundbedürfnisse von Kindern, wie Sicherheit, Geborgenheit sowie Routinen in Alltag und Spiel. Dazu bekommst du konkrete Strategien, wie du auch in anstrengenden Phasen den Überblick behältst.

In diesem Buch findest du kurze Kapitel mit sofort umsetzbaren Anregungen. Viele der Ideen habe ich selbst mit meinen Kindern ausprobiert – sie haben unser Leben erleichtert und schöner gemacht.
Die Inhalte habe ich bewusst kompakt gehalten. Das gibt dir die Möglichkeit, immer wieder nachzuschlagen, Ideen zu bekommen und kleine Schritte zu machen. Sie werden mit der Zeit zu großen Veränderungen führen.

Ich wünsche dir, dass du dich befreien kannst von Perfektionismus und gesellschaftlichem Druck und ich möchte ich dir Mut machen, deinen eigenen Weg zu finden.
Lass dich einladen, dass wir ihn ein Stückchen gemeinsam gehen - hin zu einer zufriedenen, ausgeglichenen und lebendigen Familie. Für dich, für dein Kind, für euch.

I

MUTTER
Im Einklang mit dir.

Dein Talent, eine gute Mutter zu sein

Das Leben mit Kindern ist wundervoll: bunt, inspirierend, kurzweilig und voller Überraschungen, die dich staunen und ehrfürchtig schweigen lassen. Gleichzeitig hält es immer wieder neue Herausforderungen bereit. Vieles kommt anders, als du es erwartet hast, und die Tage sind oft lang und unberechenbar.
Vielleicht zweifelst du manchmal, ob du wirklich alles „richtig" machst? In manchen Wochen läuft es wie geschmiert, und in anderen scheint einfach nichts zu klappen. Verliere nicht den Mut, auch wenn du erschöpft und vielleicht sogar enttäuscht bist. Beides ist normal und völlig in Ordnung.
Das Muttersein lernt man nämlich nicht von heute auf morgen, es will geübt und erlebt werden, immer wieder.

Das Wichtigste aber, was du wissen solltest ist: Du trägst schon alles in dir, um dein und euer Leben großartig zu meistern. Du hast Talent - und dieses Talent kannst du Schritt für Schritt ausbauen, indem du neue Wege ausprobierst. Nimm dich dabei selbst ernst und lernst, dir und deinen Entscheidungen zu vertrauen.
Als Mutter meisterst du täglich unzählige Aufgaben – erkenne dies wohlwollend an, auch wenn es für dich selbstverständlich ist. Und falls sich doch mal Hindernisse in deinen Weg stellen, räume sie mutig beiseite.

1

> Werte erkennen.
> Mutig handeln.
> Zuversicht stärken.

Das erwartet dich in diesem Kapitel

- Alles, was du brauchst, liegt in dir
- Mit Mut, Klarheit und Zuversicht
- Übung - Wünsche und Bedürfnisse sichtbar machen

Alles, was du brauchst, liegt in dir

Ich möchte dich darin bestärken, das Gute in dir zu sehen und zum Glänzen zu bringen. So wirst du mit bestem Gewissen strahlen und kannst zufriedener mit dir sein.

In einer Welt, die von scheinbarem Perfektionismus, von Körpern der Supermodels und von ständiger Selbstoptimierung geprägt ist, ist das nicht immer leicht. Aber du selbst hast es in der Hand. Du kannst dich entschließen, mit allem Vergleichen aufzuhören und versuchen, dich von den Bewertungen im Außen zu lösen.

Der **Schlüssel zum Glück** liegt in deinem inneren Selbstverständnis - in deinem Einverstandensein mit dir, so wie du bist und in deiner Selbstfreundschaft.
Das ist manchmal leichter gesagt als getan, das ist richtig, denn unsere inneren Prägungen wirken weiter. Und doch ich bin mir sicher, dass es dir gelingen wird. Jetzt beleuchten wir die einzelnen Aspekte genauer und gehen schrittweise voran.

Ursula Nuber beschreibt in ihrem Buch „Die 10 Gebote für starke Frauen" die 4 Säulen, auf dem ein gesundes Selbstwertgefühl ruht. Sie lauten:

1. **Selbstakzeptanz**
2. **Selbstvertrauen**
3. **Selbstliebe**
4. **Selbstwirksamkeit**

Sie beginnen jeweils mit dem Wort **selbst** und verdeutlichen so, dass sie etwas nur mit uns zu tun haben. Wir tragen Verantwortung und sind handlungsfähig.

Diese vier Aspekte machen wir ab jetzt zu den freundlichen Wegbegleitern auf unserer Reise. So kannst du mit Klarheit, Kraft und Zuversicht durch den Alltag gehen. Schauen wir sie uns einmal näher an.

1. Selbstakzeptanz

Dies ist die Aufforderung, dich selbst anzunehmen - genauso, wie du gerade bist.

Ein ständiges Optimieren und Vergleichen mit Anderen macht dich unzufrieden und bringt dich oft in die Position einer Verliererin. Mache dir stattdessen immer wieder bewusst, dass deine Art zu sein einzigartig und genau richtig ist. Für dich und für dein Kind.

2. Selbstvertrauen

Baue darauf, dass dein Leben mit Kind(ern) gelingen wird. Sei einfach davon überzeugt!
Ja, es gibt anstrengende Tage.
Ja, manchmal läuft nichts nach Plan.
Und trotzdem findest du immer wieder Lösungen, du wächst mit jeder Herausforderung und du machst bereits so vieles gut. Das ist mehr, als du manchmal denkst.

Dein Kind braucht keine perfekte Mutter – es braucht dich. Dich mit deiner Liebe und Fürsorge.

3. Selbstliebe

Erkenne deine eigenen Stärken und schätze sie. Und wisse gleichzeitig um deine Schwächen, nimm auch sie wohlwollend an.
Genau das macht dich authentisch und nahbar, denn niemand ist makellos und kann alles. Dein Kind lernt von dir, dass es okay ist, einen Fehler zu machen und trotzdem wertvoll zu sein. Pflege also die Freundschaft zu dir selbst und tue alles dafür, dass du dich mit dir wohl- und verbunden fühlst.

4. Selbstwirksamkeit

Lebe mit der Gewissheit, dass dein Handeln einen Unterschied macht. Jeder fürsogliche Moment, jedes aufmunternde Wort, jede Grenze, die du setzt - all das gibt deinem Kind Orientierung und schafft eine sichere, geborgene Umgebung.
So gestaltest du bewußt euer Leben.
Stück für Stück, Stunde für Stunde, Tag für Tag.

Der Zettel
Mia (38) hat einen verantwortungsvollen Job und zwei kleine Kinder. Sie ist eine tolle und engagierte Mama, und doch zweifelt sie an antrengenden Tagen an sich selbst. Um sich im Trubel gut zu unterstützen, hat sie sich einen kleinen Zettel geschrieben. Sie hat ihn an den Kühlschrank geheftet und liest ihn mehrmals täglich durch. Darauf steht:

1. Ich bin gut so, wie ich bin.
2. Ich traue mir und meinen Entscheidungen.
3. Ich gönne mir Pausen, mit reinem Gewissen.
4. Kleine Schritte verändern unseren Alltag hin zu mehr Freude und Leichtigkeit.

Diese 4 Sätze schenken ihr mehr Zutrauen zu sich selbst. Sie muntern sie auf und helfen ihr, Familie, Beruf und Alltag souveräner zu meistern.

Mit Mut, Klarheit und Zuversicht

In diesem Kapitel erfährst du, wie du deine eigenen Bedürfnisse und Wünsche klarer erkennst und - ganz wichtig - wie du damit beginnst, sie zu erfüllen. So begibst du dich auf den Weg zu mehr Energie und Freude, für dich und für deine Familie.
Lass uns entdecken, wie du mehr Raum zum Auftanken für dich schaffst, damit du euren Alltag tatkräftig und mit mehr Gelassenheit gestalten kannst.

Darum ist Selbstfürsorge so wichtig
Das Mutterdasein ist eine der schönsten, aber auch anspruchsvollsten Aufgaben, die es gibt.
Du navigierst dich durch ein dichtes Labyrinth von Terminen und Pflichten - kümmerst dich um die Kinder, versuchst Arbeit und Familie unter einen Hut zu bringen und findest kaum Zeit für dich.
Abends fühlst dich einfach nur ausgelaugt und müde.
Dazu kommt oft noch das schlechte Gewissen, weil dein Job dich fordert und du nicht immer so viel für deine Lieben da sein kannst, wie du es dir wünschst.
Und dann sollst du noch Pausen einlegen und verschnaufen? Geht nicht, denn dafür hast du keine Zeit.

Zu voll ist der Plan für den heutigen Tag. Und für den morgigen auch. Ein Ende ist nicht in Sicht.

Das Hamsterrad
Sandra (36) sinkt müde in den Sessel. Auf dem Couchtisch stapeln sich Unterlagen für die Steuer. In der Küche steht noch das Geschirr vom Abendessen und in ihrem Kopf dreht sich schon das Gedankenkarussell für den nächsten Tag: Präsentation im Büro, Elsa (6) zum Musikunterricht bringen, einkaufen, kochen, später ist Elternabend in der Kita.
Manchmal fühlt sich Sandras Alltag an wie ein vollgestopfter Koffer – egal, wie sehr sie drückt, es passt einfach nichts mehr hinein.
Sie sehnt sich nach Ruhe, Inspiration und sie möchte mal wieder ihre Freunde treffen. Da schlägt die Uhr 10. „Dieser Tag ist vorbei, und morgen wird es wieder hektisch" geht es ihr durch den Kopf. Sie spürt, wie sehr der Druck an ihr zehrt, allem gerecht zu werden.
Erschöpft sinkt Sandra ins Bett. Sie schläft schlecht.

So oder so ähnlich geht es vielen Müttern und man fragt sich besorgt, ob das der neue Dauerzustand ist. Die Antwort ist klar - Nein, das darf er nicht sein!
Doch wie gehen wir nun mit den Anforderungen um?

Auch wenn du kurzzeitig stressige Situationen meistern kannst, brauchst du auf lange Sicht in diesem herausfordernden Lebensabschnitt immer wieder Zeiten zum Durchatmen und Phasen der Ruhe und Erholung. Du trägst die Verantwortung für das Wohlergehen deiner Familie und für dich selbst. Und nur du ganz allein kannst für deine Bedürfnisse einstehen und dich achtsam um dich selbst kümmern, um seelisch und körperlich im Gleichgewicht zu bleiben.

Ohne Pausen und Auftankstationen, wirst du schnell deine eigenen Energiereserven verlieren – und das hat sowohl Auswirkungen auf dich, als auch auf dein Umfeld.
Gerade weil du mit sehr viel Hingabe für deine Familie sorgst, ist es entscheidend, auch deine Kraftquellen zu pflegen. So bleibst du gesund und kannst langfristig eine stabile, liebevolle Bezugsperson sein.

Damit das Lesen dieses Buches nachhaltig wirkt, empfehle ich dir, deine Gedanken aufzuschreiben, Wichtiges zu reflektieren und eigene Ideen zu notieren. Nimm ein schönes Heft zur Hand und lass dich von diesem Logbuch bei deiner Lektüre begleiten.
Und jetzt starten wir mit der ersten Übung.

Übung – Wünsche und Bedürfnisse sichtbar machen

Such dir ein ruhiges Plätzchen und denke darüber nach, was dir guttut und was du brauchst, um gestärkt durch den Alltag zu gehen.

1. Schreibe auf die linke Seite alle Wünsche und Bedürfnisse auf, die dir persönlich wichtig sind – egal ob groß oder klein, körperlich oder emotional.

2. Überlege nun, welche konkreten Schritte oder kleinen Aktionen du schon unternimmst. Was fällt dir noch ein, um sie zu erfüllen? Trage alles zusammen und schreibe sie auf die rechte Seite daneben.

3. Setze hinter jeden Punkt, den du bereits umsetzt, einen Haken oder ein Herzchen – so siehst du sofort, wo du schon gut für dich sorgst.

4. Wo gibt es Lücken? Wähle an dieser Stelle eine Sache, die du morgen für dich tun wirst..

Starte in deinem Tempo. Setzt nicht alles sofort um – schon ein kleiner erster Schritt bewirkt viel und bringt dich zu mehr Selbstfürsorge.

2

> Pausen einlegen.
> Kraft sammeln.
> Gelassen werden.

Das erwartet dich in diesem Kapitel

- Wie du mehr Erholung findest
- Auf den Wegen des Lebens lernen und wachsen
- So gelingen dir Auszeiten leichter
- Übung - Teste, wie gut du im Pause-machen bist

Wie du mehr Erholung findest

Wissenschaftliche Studien zeigen, dass langanhaltende Überforderung zu Erschöpfung, schlechter Laune und gesundheitlichen Beeinträchtigungen führen kann. Die vermehrte Ausschüttung des Stresshormons Cortisol kann sogar in einem Burnout enden.
Unser Gehirn braucht dringend in regelmäßigen Abständen Erholungsphasen, um zu regenerieren und um leistungsfähig zu bleiben – und selbst die stärksten Eltern stoßen an ihre Grenzen, wenn Stress und zu viele Anforderungen überhandnehmen. Deshalb sind Ruhe und Erholung auch keine Luxusgüter, die man sich einmal im Monat gönnt. Nein, sie sind lebensnotwendig, um ein ausgeglichenes Leben zu führen.

Bevor wir erkunden, wie du gezielt auftanken und neue Energie schöpfen kannst, lohnt es sich, kurz innezuhalten. Mach dir bewusst, dass wir schon in unserer Kindheit mit rasender Geschwindigkeit jeden Tag Neues erlernten und uns an Veränderungen anpassten.
Sich zu entwickeln und zu entfalten, ist nicht begrenzt und bleibt ein Teil unseres Lebens – auch als Erwachsene. Wenn du dies erkennst, kannst du zuversichtlich und hoffnungsfroh in die Zukunft blicken. Du kannst dir sicher sein, dass du das Potential hast, um alle kommenden Herausforderungen mit Bravour zu meistern.

Auf den Wegen des Lebens lernen und wachsen

Von klein auf hast du jeden Tag Neues entdeckt: du hast gelernt dich zu drehen, zu krabbeln, zu laufen, den Löffel zu halten und Treppen zu steigen. In Kita und Schule hast du den Umgang mit anderen Kindern geübt, gespielt, geteilt und Kompromisse gefunden – alles ganz selbstverständlich, allmählich, mit Geduld und Ausdauer.

Heute, als Mutter, gehst du im Lernprozess weiter, denn jede neue Herausforderung mit deinem Kind verlangt Aufmerksamkeit, Organisation und Spontanität. Am Anfang mag alles ungewohnt sein, aber nach und nach wird vieles flüssiger und leichter.
Aber dieses unablässige Lernen und Bewältigen der täglichen Aufgaben kostet dich aber enorm viel Energie. Ganz selbstverständlich switchst du doch jeden Tag zwischen den verschiedensten Modi hin und her, hilfst hier, erklärst da. Dass dich das erschöpft, ist völlig normal, denn dein Gehirn arbeitet ununterbrochen.

Und jetzt, mit diesem Buch in der Hand, stehst an einem Punkt im Leben, an dem du etwas für dich tun kannst, nämlich gut und nachhaltig auch für dich selbst zu sorgen. Mach dich auf die Suche nach Strategien und Tankstellen, die dir neue Kraft und Mut schenken.

Gib dir zuerst die Erlaubnis, auch mal unperfekt zu sein und abschalten zu dürfen. Unbewußt schwirren in unseren Köpfen oft diese falschen und störenden Gedanken herum, dass wir das auf keinen Fall dürfen, weil wir dann Gefahr laufen, eine weniger gute Mutter zu sein.
Tatsächlich ist aber das Gegenteil der Fall!
Wenn du regelmäßig für dein Wohlbefinden sorgst reduzierst du Anspannungen und überforderst dich weniger. Du bleibst ausgeglichen und geduldig und eine emotional verlässliche Bezugsperson für dein Kind.

Die drei Punkte helfen dir, dich zu stärken und gut für dich zu sorgen - stelle eine gute Verbindung zu dir her.

- Finde die Balance zwischen Geben und Nehmen, indem du auf deine Bedürfnisse achtest.
- Lerne respektvoll mit deiner Energie umzugehen und überfordere dich nicht.
- Entdecke die kleinen Momente des Glücks, die im Trubel oft untergehen und erfreue dich an ihnen.

Setze diese Leitlinien um, denn sie schenken dir Kraft und Zuversicht und um dich herum entsteht eine wohltuende Atmosphäre.

So gelingen dir Auszeiten leichter

Es gibt verschiedene Arten von Pausen, die du in deinen Alltag integrieren kannst. Pause ist nicht gleich Pause und es ist nicht immer notwendig, viele Stunden freizuschaufeln. Auch kurze Momente der Erholung wirken oft schon Wunder und helfen dir, wieder bei dir anzukommen.
Finde aus den aufgelisteten unterschiedlichen Pausenarten jene, welche für dich passen.

1. Kurze Auszeiten im Alltag

Mikro-Pausen sind von großer Wirkung, denn auch kurze Momente der Ruhe helfen beim Auftanken. Fang klein an, es muss nicht gleich ein ganzes Wochenende für dich allein sein.

- Geh einmal ums Haus oder tritt ans Fenster.
- Schließe für fünf Minuten die Augen.
- Trink einen Tee ohne Ablenkung.
- Stoppe für 30 Sekunden deinen Gedankenstrom.

2. Entspannungsübungen und Meditation

Integriere Entspannungsübungen in deinen Alltag. Atemübungen, Meditation und Yoga sind hervorragend geeignet, um deinen Geist zu beruhigen und um ein inneres Gleichgewicht herzustellen.

- Beginne mit kurzen Einheiten – schon eine einzige Übung macht einen spürbaren Unterschied.

- Probiere es allein und mit deinem Kind zusammen aus, denn auch Kinder lieben Yoga.
Nenne die Übungen beim Namen, wie „Der Hund, der nach unten schaut", „Schmetterling" oder „Brüllender Löwe". Sie sind einprägsam und könnten deinem Kind gefallen.

- Kennst du Tai Chi und Qi Gong?
Beide haben zum Teil jahrtausendealte Übungen zur Pflege der Lebensenergie.
Ich mache die „Shi Ba Shi", eine Bewegungsfolge, die aus 18 einfachen, kurzen Einheiten besteht.

❁ Lege Basics für dich fest und versuche sie über einen Zeitraum von 30 Tagen einzuhalten, so werden sie zur Gewohnheit. Schreibe auf, wie es dir geht.

3. Verabrede dich mit dir selbst

Finde Möglichkeiten, um dir ab und zu einen Nachmittag oder Abend ohne Verpflichtungen nur für dich allein zu gönnen. Damit nichts anderes dazwischen kommt, trage dir die Zeit verbindlich in deinen Kalender. In deinem vollgepackten Leben passiert das sonst sicher sehr schnell, oder?

- Darf dein Kind bei Freunden spielen oder bei den Großeltern übernachten?

- Beschäftige dich nur mit etwas, das dir Freude bereitet – sei es mit einem Buch, eine Runde im Fitnessclub oder einfach Zeit der Muße.

- Plane diese Stunden regelmäßig ein, du wirst merken, wie sehr sie dich mit Energie und Wohlsein füllen.

- Verabschiede ein schlechtes Gewissen, es ist unnötig.

Genieße das schöne Gefühl, ab und zu nur Zeit für dich zu haben, ganz ohne Druck und Termine.

4. Gemeinsame Pausen in einer Partnerschaft

Oft fehlen paarpflegende Momente. Am Tag dreht sich alles um Kind und Job, abends setzt die große Müdigkeit ein. Dabei ist Zweisamkeit so wichtig, um sich einander nahe zu fühlen und in der Liebe zu bleiben. Zwischen Windeln, Laptop und Gummistiefeln wird das leider zu oft vergessen.

- Ein Spaziergang zu zweit, ein Abendessen ohne Kinder oder eine kleine Aktivität stärken die Verbundenheit zwischen euch und bringen Abwechslung in die Beziehung.

- Wie wäre es mit einem „Paarabend" 1x im Monat? Schnappt euch die Kalender oder fangt gleich heute damit an!

- Auch ein interessantes Gespräch, wenn das Kind schläft, ist eine gute Möglichkeit des Austausches, um die Partnerschaft lebendig zu halten. Du findest das selbstverständlich? Welche Themen haben euch interessiert, bevor euer Kind geboren wurde? Knüpft da an, das macht lebendig.

Plant gemeinsame Auszeiten zusammen und seid zuverlässig.

5. Mache Pausen zu einem festen Teil deines Lebens

Regelmäßige Pausen sind entscheidend für das Wohlbefinden und bringen vergessene Kräfte zurück. Besprich mit deinem Partner, wie ihr euch gegenseitig Auszeiten zusichern könnt.

- Entscheide dich aktiv für diese Erholungsphasen und genieße sie mit einem guten Gewissen! Das ist am Anfang manchmal ganz schön schwer, weil die Entscheidung für dich ja auch eine Entscheidung gegen andere Dinge bedeutet.
Stelle dich selbst ab und zu an die erste Stelle!

- Nimm dir Zeit um durchzuatmen, wenn dein Kind Mittagsschlaf macht. So sammelst auch du neue und frische Energie für den zweiten Teil des Tages.

Als meine Kinder kleiner waren, war es für meinen Kräftehaushalt sehr wichtig, dass ich mich nach dem Mittagessen ausruhen und neue Kraft schöpfen konnte. Die beiden älteren Jungen haben leise gespielt (jedenfalls meistens) oder gemalt. Meine jüngste Tochter habe ich mit aufs Sofa genommen. Ausgeruht konnten wir in den Nachmittag starten.

- Setze dich, bevor du dein Kind aus der Kita abholst, noch einmal 5 Minuten auf eine Parkbank. Schließ die Augen, atme tief durch und besinne dich kurz. So gelingt der Übergang vom Job zur Familie. Meistens sind wir sehr eng getaktet, sodass kaum Raum bleibt, einmal Luft zu holen. Oft ist es, als eilten wir einer Uhr nach, die uns immer ein paar Minuten voraus ist.

- Sei auch beim Thema Pausen ein Vorbild für dein Kind. Integriere sie und vermittle ihm die Botschaft, dass es wichtig ist, seinen Kräftehaushalt im Blick zu haben und sich Zeit für die eigene Erholung zu nehmen. Dein Kind lernt dadurch, auf seine eigenen Bedürfnisse zu achten und dies wiederum stärkt seine Fähigkeit, gesunde Grenzen zu setzen, enorm.

Wir neigen dazu, unsere Grenzen zu übergehen und sind am Ende des Tages völlig erschöpft. Auf lange Sicht – ich spreche von Monaten und Jahren – ist das extrem ungesund. Die Regeneration aus einer starken Überlastung heraus dauert deutlich länger.

Deshalb: Lade deine Akkus auf, wenn dein Energiepegel bei etwa 30 % liegt – und warte nicht, bis er auf 3 % gesunken ist

Übung – Teste, wie gut du im Pausemachen bist

Mit dieser kleinen Übung bekommst du einen visuellen Überblick über deine Pausen. Nimm dir ab heute eine Woche Zeit und schreibe auf, wann du eine Auszeit bräuchtest und wann du sie machst.
Und so gehst du vor:

1. Spalte - Notiere Tag und Uhrzeiten.
2. Spalte - Mache ein Kreuz, wann du hättest du eine Pause gebraucht hast, sie aber nicht machen konntest.
3. Spalte - Kreuze hier an, wenn du eine kurze Auszeit in deinen Tag integriert hast, als sie nötig war.

Werte deine Notizen nach 7 Tagen aus und beantworte folgende Fragen:

- Wann ist der Punkt erreicht, an dem ich eine kleine Auszeit brauche?
- An welchen Tagen ist das Durchatmen gelungen? Wieso?
- Wann funktioniert es schlecht oder gar nicht?
- Sind alle Tage gleich?
- Was brauche ich, damit das Pausemachen klappt?

⏰	☕̶	☕

Überlege nun, wie du weiter vorgehst. Was kannst und möchtest du verändern? Wo wird es schwierig? Wiederhole das Experiment und beobachte, was geschieht.

Wandel ist immer möglich. Er beginnt im Kopf und lebt von deinen Entscheidungen.

Zusammenfassung

1. **Pausen sind eine der wichtigsten Ressourcen.**
Du brauchst sie, um gesund, ausgeglichen und handlungsfähig zu bleiben.

2. **Regelmäßige Pausen schenken dir Kraft und Gelassenheit.**
So kannst du klarer reagieren, liebevoll begleiten und behältst dich selbst im Blick.

3. **Integriere Auszeiten bewusst in deinen Alltag.**
Ob kurz oder länger - Momente der Ruhe wirken wohltuend. Sie geben dir Kraft und machen das Familienleben harmonischer.

4. **Indem du dir Auszeiten gönnst, stärkst du nicht nur dich selbst.**
Du zeigst deinem Kind, wie wichtig Selbstfürsorge ist – ein wertvolles Vorbild für sein ganzes Leben.

5. **Beginne rechtzeitig mit dem Aufladen deiner Batterien!**
Nur so beugst du starker Erschöpfung vor.

> Balance schaffen.
> Träume leben.
> Selbstwirksam sein.

Das erwartet dich in diesem Kapitel

- Wer bin ich außer Mama?
- Finde deine Balance
- Warum Mütter ihre eigenen Träume nicht vergessen dürfen
- So lebst du Selbstwirksamkeit

Wer bin ich außer Mama?

Du tust alles, damit es deinem Kind gutgeht – und das ist wunderbar.
Wenn das ersehnte Baby endlich da, alles noch neu und unbekannt ist, staunst du jeden Tag über dieses kleine Wunder, das dir geschenkt wurde. Ganz natürlich richtet sich dein und euer Tages- und Nachtablauf nach diesem geliebten Wesen – und so muss es ist am Anfang auch sein. Du legst damit die wichtigste Grundlage für sein späteres gesundes Dasein. Dein Kind darf schon zu Beginn seines Erdenlebens spüren: „Ich werde sehr geliebt, gut versorgt und sicher gehalten." Nichts kann schöner und wertvoller sein!

Doch inmitten dieser intensiven Fürsorge kann es passieren, dass du dich selbst aus den Augen verlierst. Nach und nach rücken deine Bedürfnisse in den Hintergrund. Der Schlafmangel macht sich bemerkbar. Ein entspannter Moment für dich als eigenständige Person ist selten. Zeit für den Friseur findest du nicht und an ein neues Outfit ist kaum zu denken. Du fühlst dich vielleicht sogar ungeborgen und allein. Es ist wie ein leises Verrücken deiner inneren Balance und kaum merklich verstärkt sich dieses Gefühl mit der Zeit.

Es geschieht nicht von heute auf morgen, sondern schleichend, beinahe unsichtbar. Vielleicht bekommst du sogar ein schlechtes Gewissen, wenn du dich dabei ertappst, dass du dir insgeheim wünschst, ein wenig mehr Zeit nur für dich zu haben. Dazu verurteilst du dich für diese Gedanken, schiebst sie beiseite und wagst sie kaum auszusprechen, denn schließlich wolltest du ja Kinder.
So oder so ähnlich geht es fast jeder Frau.

Die Rolle als Mutter ist eine der intensivsten Aufgaben im Leben und sie zehrt an den Kräften. Irgendwann stellst du dir Fragen wie: Wer bin ich, wenn ich nicht gerade Mama bin? Wo sind meine Wünsche, meine Ziele und all meine Träume geblieben? Bin ich überhaupt noch die Person, die über sich selbst bestimmen kann und darf? Der Wunsch nach Eigenständigkeit ist völlig normal. Er ist kein Zeichen von Egoismus, sondern Ausdruck deiner Lebendigkeit. In dir ist ein Teil, der Raum zum Atmen braucht – und es ist wichtig, dass du dir diesen Raum ganz natürlich zugestehst.

Und ja - du darfst und solltest ohne Schuldgefühle und mit gutem Gewissen für dich sorgen!
Denn:
Eine ausgeglichene und erfüllte Mutter ist ein großes Geschenk für ein Kind und die ganze Familie. Alle profitieren.

Das alte Hobby
Lena (32) hat die kleine Mia (3) und arbeitet in Teilzeit. Sie liebt die Nachmittage im Park, die gemeinsamen Bastelstunden und das abendliche Vorlesen – und doch spürt sie, dass ihre Energie immer schneller schwindet. Sie wird ungeduldig und sehnt sich nach einem Ausgleich, der ihr die innere Ruhe zurückgibt und zugleich Inspiration schenkt.

Bei einem Bummel durch die Stadt entdeckt Lena ein Schaufenster voller eindrucksvoller Fotos. In diesem Moment erinnert sie sich an etwas, das sie früher erfüllt hat. Ihr altes Hobby meldet sich zurück und Lena hat eine Idee. Am Abend spricht sie mit ihrem Partner Sven und gemeinsam beschließen sie, dass Lena jeden Samstagmorgen eine Stunde für einen Fotospaziergang einplant und dass Sven zu dieser Zeit die Betreuung von Mia übernimmt.

Als Lena nun nach ihrer kleinen Safari nach Hause kommt, warten ein gedeckter Frühstückstisch mit duftendem Kaffee und frischen Brötchen auf sie.
Zuerst fühlt sie sich ein wenig egoistisch, doch schon nach dem ersten Tour spürt, wie Spass und Leichtigkeit zurückkehren. Diese Auszeit stärkt ihre Kreativität und gleichzeitig ist Lena fröhlicher mit ihrer Familie.
Eine echte Win-win-Situation!

Finde deine Balance

Es ist völlig richtig, dass du deine Rolle als Mama so gut wie möglich erfüllst!
Damit du jedoch langfristig zufrieden bleibst, ist es wichtig, dass du dich nicht nur auf diesen einen Teil deiner Persönlichkeit beschränkst. Lebe das gesamte Spektrum deines bunten Erdendaseins, denn du bist vielfältig und trägst so viel in dir. Du bist Frau, Freundin, Partnerin, Berufstätige, Tochter, Einkäuferin, Nachbarin, Fahrradfahrerin und noch viel mehr. Lass diese Farbigkeit sichtbar werden – sie zeigt, wie einzigartig du bist.

Übung – Entdecke die Farben deiner Persönlichkeit

Nimm nun dein Journal zur Hand und schreibe zu den Fragen alles auf, was dir in den Sinn kommt. Mit dieser Übung wirst du dir deiner Vielseitigkeit bewußt.

1. Welche Rollen fallen dir für dich ein?
2. Welche dieser Rollen lebst du gerade, welche nicht?
3. Welche Rollen sind alt und gehören nicht mehr zu dir?
4. Welche neue Rolle möchtest du jetzt in dein Leben tragen? Oder sind es sogar mehrere?
5. Welche Rolle gestehst du dir nicht zu?

Dieses Innehalten war bestimmt interessant und erhellend für dich. Deshalb machen wir auch gleich weiter! Lass deine ersten spontanen Gedanken zu folgenden Punkten kommen und schreibe auch sie auf.

1. Wonach sehnst du dich?
2. Wenn du 3 Wünsche frei hättest, welche wären es?

Die Seite in dir, die für andere da ist, darf sich nun mit der Seite verbinden, die nach Leichtigkeit und Freude sucht. Frage dich auch, wann du dich das letzte Mal nicht nur als Mama, sondern einfach als Frau gesehen hast? Vielleicht ist jetzt der richtige Moment dafür?
Du darfst dich wichtig nehmen – für dein Wohl und für eine liebevolle Atmosphäre in deiner Familie.

Eine Balance zwischen Aufmerksamkeit für dein Kind und deiner Selbstfürsorge ist das Fundament, um langfristig mental und emotional gesund zu bleiben.

Gib dir die Erlaubnis, deine eigenen Interessen und Leidenschaften zu pflegen und deine persönlichen Ziele zu verfolgen. Start frei!

Wellnessabend
Sarah (30) ist alleinerziehend und kümmert sich jeden Tag um ihren Sohn Tim (5), den Haushalt und ihre Arbeit. Sie möchte für Tim stark sein und ihm ein stabiles Zuhause bieten. Vor lauter Fürsorge vergisst sie jedoch, auch auf sich zu achten. Nach einem besonders forderndem Tag stellt sie fest, dass sie sich kaum daran erinnert, wann sie zuletzt ausgelassen gelacht hat und fröhlich war. Sarah möchte etwas ändern.
Sie beschliesst, einen festen „Selbstfürsorge-Abend" pro Woche einzuführen. Tim geht an diesem Abend etwas früher ins Bett, sie bereitet alles vor, damit sie ungestört ist - stellt ihr Handy aus und lässt sich ein warmes Bad ein. Ein schönes Buch liegt bereit und entspannende Musik, die ihr Freude macht, hat sie auch schon ausgesucht.

Für Sarah fühlt es sich anfangs neu an, nur sich Zeit zu schenken, aber schon nach wenigen Wochen spürt sie, wie gut ihr diese Abende tun. Sie ist klarer und ausgeglichener. Sie fühlt wieder, dass sie Mutter und gleichzeitig eine attraktive Frau ist, das macht sie beschwingt. Sarah bemerkt, dass ihre Beziehung zu Tim davon profitiert, sie ist froh.
Weil sie Freude und Aufmerksamkeit für sich in ihr Leben bringt, kann sie mit mehr Zufriedenheit und Fröhlichkeit für ihn da sein.

Warum Mütter ihre eigenen Träume nicht vergessen dürfen

Deine Agenda ist gefüllt und dein Kopf ist es ebenso, stimmts? Und du fragst dich jetzt wahrscheinlich, wie du bei all den Aufgaben, die du zu bewältigen hast, auch noch Zeit für dich allein einplanen sollst?
Und nochmal - es ist völlig in Ordnung, dass du dich in einer Lebensphase zurücknimmst, weil die Begleitung deines Kindes großen Raum einnimmt und Kraft beansprucht. Aber meine große Bitte und mein Rat an dich ist:
Behalte dich immer im Blick und lass diese Phase nicht zu lang werden!

Ich weiß, dass es nicht immer leicht ist, in all dem Trubel die Gedanken auch auf die eigenen Wünsche zu richten. Und natürlich geht es hier nicht um Egoismus und darum, dass du für einen Marathon trainieren sollst oder beim Schönheitswettbewerb den ersten Preis gewinnst. Nein, es geht um etwas ganz Anderes.
Es geht um ein gesundes und positives Bild von dir.

Wie wir uns selbst wahrnehmen und welche Vision wir von uns haben, ist entscheidend für unser Wohlbefinden und für unsere Identität, die Forschung belegt dies immer wieder.

Wenn du deine eigene Persönlichkeit außerhalb der Rolle als Mutter lebendig hältst, dich auch in anderen Situationen spürst und weiterentwickelst, wirst du mit 100%iger Wahrscheinlichkeit glücklicher und entspannter sein, als wenn du dich vergisst.
Durch Selbstwirksamkeit erfährst du innere Erfüllung und bist weniger auf die Anerkennung deiner Mitmenschen angewiesen. Das lässt dich strahlen, macht dich frei und gelassen.
Mit deinem gesundes Selbstbewußtsein bist du als Mensch und als Mama authentisch und gehst mit gutem Beispiel voran. So machst du deinem Kind das Geschenk eines starken und inspirierenden Rollenvorbilds. Weil du bei dir und in deiner Kraft bist, kannst du als Mutter auch mal " fünfe gerade" sein lassen und behältst dennoch alle Fäden in der Hand.

🍀 Schau noch einmal auf deine Antworten der letzten Seiten. Welche 3 Wünsche hast du aufgeschrieben? Such dir einen Wunsch aus und überlege, wie du seiner Erfüllung ein kleines Stückchen näher kommen kannst. Welchen ersten Schritt könntest du heute gehen? Schreib ihn auf und fang jetzt damit an, etwas Gutes für dich zu tun!

So lebst du Selbstwirksamkeit

Hast du dich schon einmal gefragt, was Selbstwirksamkeit für dich eigentlich bedeutet?
Für mich steht Selbstwirksamkeit dafür, dass ich darauf vertraue, meine eigenen Fähigkeiten zu erkennen und sie aktiv einsetze. Damit erreiche ich Dinge, die mir wichtig sind. Ich spüre dann: Ich kann etwas bewirken, ich habe Einfluss auf mein Leben und meine Entscheidungen. Und das erfüllt mich mit Freude.

In unserem Alltag zeigt sich Selbstwirksamkeit darin, dass wir Herausforderungen angehen, Verantwortung übernehmen und kleine wie große Ziele erreichen – und daraus Stärke, Motivation und Zufriedenheit ziehen. Als Mutter bedeutet Selbstwirksamkeit, dass ich meine Grenzen setzen kann und trotz aller Anforderungen immer wieder Momente nur für mich finde. Ich treffe Entscheidungen, die mich und meine Familie stärken, und bleibe dabei authentisch.

Wenn du spüren kannst, dass du deine eigenen Fähigkeiten wirkungsvoll einsetzt, merkst du auch, wie wichtig es ist, dir selbst Raum dafür zu geben. Und genau hier knüpfen die nächsten Steps an:
Es geht darum, Wege zu finden, deine Bedürfnisse und Wünsche in den Alltag zu integrieren.

1. Behalte deine Interessen und Hobbys im Blick

Auch wenn die Zeit knapp ist, versuche, deinen Hobbys und Interessen Platz einzuräumen. Wie wäre es, wenn du abends eine Stunde für dich selbst einplanst, um zu lesen, zu malen, um deine Lieblingsmusik zu hören? Oder dir gelingt es, wenn dein Kind betreut ist, Dinge in deinen Tagesablauf einzubauen, die dich mit Energie aufladen. Dies hilft dir, um dich mit dir selbst zu verbinden. Du sorgst aktiv für einen guten Ausgleich im Wirbel des Familienalltags. Vielleicht sind Lena und Sarah aus den vorherigen Beispielen eine Inspiration für dich.

2. Verfolge deine beruflichen Ziele weiter

Deine beruflichen Ziele solltest du erhalten, auch wenn du Mutter geworden bist. Woran kannst du anknüpfen, was interessiert dich in deinem Metier? Setze dir kleine, realistische Punkte und integriere sie in deinen Alltag mit Kind. Hast du Interesse daran, dich weiterzubilden? Wie wäre es online? Vielleicht ergibt sich die Chance, an einem Projekt mitzuarbeiten, das dir am Herzen liegt.

Bleibe mit deinen Kolleginnen und Kollegen in Verbindung und pflege das Netzwerk deines Arbeitsumfeldes.
Wenn du deine Karriereziele im Blick behältst, arbeitest du nicht nur an deiner Kompetenz, sondern ebenfalls an deinem Selbstvertrauen.
Achte darauf, dass du dich nicht zerreißt, sei mit Spaß dabei!

3. Pflege deine Beziehungen

Pflege Beziehungen, die dir wichtig sind, aktiv und verliere sie nicht aus den Augen. Warte nicht, bis sich jemand bei dir meldet, sondern halte initiativ den Kontakt.
Telefoniere mit Freunden und verbringe Zeit mit Gleichgesinnten und Mitgliedern deiner Herkunftsfamilie auch allein. Du stärkst deine sozialen Bindungen und darfst deine Individualität jenseits des Mama-Alltags wahren.
Diese Verbindungen schenken dir neue Energie, gute Laune und Inspiration.

Schöpfe aus diesem Miteinander Kraft, wenn das Leben mal anstrengend ist.

4. Setze dir persönliche Ziele

Nimm dir etwas Zeit und denke darüber nach, was du für dich selbst erreichen möchtest. Das kann in ganz unterschiedlichen Bereichen, wie Gesundheit, Persönlichkeitsentwicklung oder auch spirituelles Wachstum sein.

❀ Setze dir kleine, erreichbare Meilensteine, notiere diese, sei stolz und feiere dich, wenn du sie in deinem Tempo erreichst.
Was könnte so ein Meilenstein für dich sein?

5. Löse dich von alten Glaubenssätzen

Gib dir die Erlaubnis, zum Muttersein gleichzeitig du selbst zu bleiben.Klar verschieben sich Prioritäten, aber oft tragen wir Vorstellungen mit uns herum, die längst nicht mehr passen – zum Beispiel der Gedanke, dass eine „gute Mutter" 24/7 nur für ihre Kinder da ist und dass sie alles allein schafft.
Solche alten Muster sind längst überholt und prägen uns dennoch. Lass sie los und begib dich auf das Abenteuer, das Bild von dir als Mutter und Frau selbst zu definieren und zu leben.

Zusammenfassung

Du bist ein Mensch mit besonderen Interessen, eigenen Wünschen und Zielen. Damit du dich nicht verlierst, brauchst du Raum für dich selbst.

1. **Pflege deine Interessen**
Kreative oder ruhige Auszeiten helfen dir, dich selbst zu spüren und neue Energie zu tanken.

2. **Verfolge berufliche und persönliche Ziele**
Auch kleine Schritte zählen – sei es eine Weiterbildung, ein Projekt, ein neuer Impuls. Was möchtest du für dich selbst tun?
Notiere es und feiere kleine Erfolge.

3. **Halte soziale Kontakte lebendig**
Verbringe auch Zeit mit Freunden und Gleichgesinnten und entfalte deine Einzigartigkeit.

4. **Sei für dein Kind da und bleibe dabei die Person, die du bist**
Du stärkst dein Wohlbefinden indem du eigene Interessen lebst. Das sollte kein Traum für später, sondern Teil deiner jetzigen Lebensqualität sein.

4

Unterstützung finden.
Rückhalt spüren.
Netzwerke pflegen.

Das erwartet dich in diesem Kapitel

- Baue dein Netzwerk auf, finde Unterstützung
- Warum es uns schwerfällt, um Hilfe zu bitten
- Gemeinsam statt einsam – such dir Halt
- Ideen für das „Eltern-Support-Netzwerk"
- Zusammen geht`s leichter! Die Kraft der emotionalen Unterstützung
- Vorträge und Workshops - Räume für Austausch und Impulse

Baue dein Netzwerk auf, finde Unterstützung

Es ist eine Kunst, Aufgaben zu priorisieren und eine gute Balance der einzelnen Bedürfnisse zu finden.

Die To-do-Liste am Kühlschrank erscheint endlos, die Kinder brauchen deine Aufmerksamkeit, du hast noch etwas für den Job zu tun und fühlst dich immer wieder zwischen den vielen verschiedenen Anforderungen hin- und hergerissen. Welche Tätigkeit ist denn nun dringend und was davon ist wichtig?
Meist stehst du auch noch unter Zeitdruck, dein Kopf schwirrt und du bist kurz davor, die Nerven zu verlieren. Denn jede Entscheidung für das Erste bedeutet gleichzeitig eine Entscheidung gegen das Zweite und sogar gegen das Dritte.
Es ist ein wahres Dilemma!

Berufstätige Frauen mit Kindern haben einfach unendlich viele Termine und Programmpunkte. Auch hängt es stark von deiner jetzigen Lebenssituation ab, wieviel du im Alltag zu bewältigen hast. Bist du alleinerziehend oder nicht, arbeitest du Teilzeit oder Vollzeit, wohnen die Eltern in der Nähe oder entfernt?

Entlastung ist bedeutend - doch wo fangen wir an?

Oft fällt es schwer zu erkennen, wo wir konkrete Erleichterung bräuchten - wir funktionieren nämlich meist ganz passabel. Und doch wünschen wir uns insgeheim mehr Sorglosigkeit und am liebsten hätten wir eine Zauberfee, die unaufgefordert alles Liegengebliebene für uns erledigt. Was ist also zu tun?
Du kannst nun darauf warten, dass dir jemand Hilfe anbietet und bist vielleicht sogar traurig, dass es nicht passiert. Ich ermuntere dich hier, selbst aktiv zu werden, um dir deine Rückenstärkung zu holen.

❦ Bevor du weiterliest, überlege dir jetzt, in welchen Bereichen du dir gezielte Entlastung wünschst. Notiere alles!

Warum es uns schwerfällt, um Hilfe zu bitten

Wenn du oft das Gefühl hast, alles allein bewältigen zu müssen, wird die Last groß – und irgendwann kann die Kraft erschöpfen.
Studien zeigen, dass Eltern, die über ein gutes Netzwerk verfügen, sich weniger gestresst fühlen, mental stärker sind und, weil sie entspannter sind, eine tiefere Bindung zu ihren Kindern aufbauen können.

Hilfe steigert deine Lebensqualität und erleichtert den Alltag. Und doch denken wir allzu oft, dass wir alles aus eigener Kraft schaffen müssen.
Dieser Irrtum kann dein Leben erheblich belasten und dich unnötig unter Druck setzten. Deshalb überprüfe diese Gedanken: Woher kommen sie? Von wem hast du diese Überzeugungen vielleicht übernommen? Brauchen sie heute noch Raum in deinem Leben, oder kannst du sie loslassen?

Auch, wenn du es toll wäre - du bist leider keine Superfrau aus einer Comicserie, die fliegen und zaubern kann, die weder krank noch müde wird.
Nein, du bist ein Mensch, mit vielen Stärken und auch kleinen Schwächen und du darfst genauso sein, wie du bist!
Was sollte also verkehrt daran sein, sich in einer fordernden Lebensphase unter die Arme greifen zu lassen?
Meine Antwort lautet - gar nichts!

Mach dir bitte klar, dass um Hilfe zu bitten kein Zeichen von Schwäche ist. Es ist sogar eine Stärke, Punkte zu erkennen, die noch besser laufen könnten, folgerichtig zu handeln und Lösungen zu finden.
Du beweist damit Weitblick, Verantwortung und Talent zum Organisieren.

Gemeinsam statt einsam – such dir Halt

Du weißt natürlich längst, wie wichtig soziale Unterstützung für dein Wohlbefinden ist.
Aber jetzt ist es an der Zeit, die Arme hochzukrempeln, tätig zu werden und daran zu arbeiten, ein starkes Netzwerk für dich zu entwickeln.
Wenn du eher zurückhaltend bist, erfordert es eine Portion Mut, aber es lohnt sich! Hier sind einige Ideen.

- ***Fange klein an***

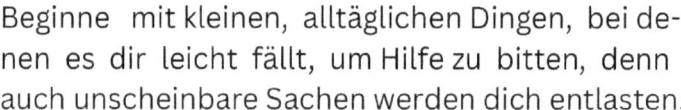

Beginne mit kleinen, alltäglichen Dingen, bei denen es dir leicht fällt, um Hilfe zu bitten, denn auch unscheinbare Sachen werden dich entlasten.

Wie wäre es, die Nachbarn zu fragen, ob dein Kind kurz bei ihnen bleiben darf, damit du in den Supermarkt um die Ecke gehen kannst? Biete an, etwas aus dem Geschäft mitzubringen. Falls sie auch Kinder haben, könntet ihr euch abwechseln.

Tausche dich mit anderen Eltern in der Kita oder im Park aus und frage sie konkret, wie sie knifflige Themen lösen. Oft eröffnen sich durch diese Gespräche ganz neue Perspektiven. Jene Ideen, die dir gefallen, probierst du dann aus.

- *Übe, gezielt um Hilfe zu bitten*

Wenn dir etwas über den Kopf wächst, scheue dich nicht, sehr konkret um Unterstützung zu bitten. Was brauchst du gerade jetzt in deiner Situation? Wen könntest du für diese Aufgabe fragen? Einen Freund oder eine Freundin, die dir beim Babysitten helfen? Oder ein weiteres Familienmitglied, das dir ab und zu beim Kochen oder Aufräumen zur Seite steht?

In vielen Kulturen gilt es als selbstverständlich, dass man sich gegenseitig zur Hand geht. Bei uns sind die Menschen oft zurückhaltender mit Angeboten, helfen dir aber gern, wenn du sie fragst. Und vielleicht stehst du später selbst jungen Frauen zur Seite oder kannst an einer anderen Stelle deine Hilfe geben, denn Helfen ist keine Einbahnstraße. Es kann die unterstützende Person sogar glücklich machen und beide Seiten profitieren. Man nennt dieses schöne Gefühl das Helfer-High.

❀ Kannst du dich an eine Situation erinnern, bei der du die Gebende warst und dich gut gefühlt hast? Trau dich also, das Thema Unterstützung offen anzusprechen, um dir ein Hilfsteam aufzubauen.

- *Hol dir Rückhalt aus deinem Umfeld – finde dein Dorf*

Kennst du das afrikanischen Sprichwort, das besagt, dass es ein ganzes Dorf braucht, um ein Kind aufzuziehen?
Es erinnert uns daran, dass ein Kind am besten gedeihen kann, wenn ihm mehrere vertraute Menschen auf seinem Weg wohlwollend zu Seite stehen. So darf es schon in frühen Jahren erfahren, wie Beziehungen Halt geben und Mut schenken.

Du befindest dich in der Rush-hour des Lebens, und hast von einer Sache wenig, und das ist: Zeit! Überlege deshalb, welche weiteren Bezugspersonen du dir für dein Kind wünschst und welche wichtig sind. Wen magst du besonders?
Das können die Großeltern, Tante, Onkel, eine enge Freundin oder vielleicht die Frau von nebenan sein. Diese Menschen dürfen für dein Kind eine einfühlsame und verlässliche Begleitung sein und es ist ein großer Schatz, wenn es stabile Bindungen zu weiteren wichtigen Menschen etabliert.

Mach dich auf die Suche und finde „dein Dorf"! Es darf klein sein und liebevolle Einwohner haben. Es schützt und stützt dich.

- **Nutze Online-Gruppen und Communities**

Dies ist natürlich kein Geheimnis, wird aber oft vergessen: Wenn dich Fragen bewegen oder du Austausch suchst, forsche gezielt in sozialen Medien oder Online-Foren. Über diese Plattformen findest du auch lokale Gruppen, in denen Eltern ihre Erfahrungen teilen. Sie geben oft gute Tipps für deine nähere Umgebung und du lernst Familien kennen, die in einer ähnlichen Lebenslage sind wie du. Auch wenn du neu in einer Stadt bist oder keine Familie vor Ort hast, ist dies eine tolle Möglichkeit, Austausch finden.

- *Rat und Tat – professionell und entlastend*

Gönn dir Entlastung. Überlege dir, professionelle Hilfe in Anspruch zu nehmen – schon ein paar Stunden im Monat für Bad, Küche oder Wäsche können deinen Alltag deutlich leichter machen. Ich weiß, dass das Geld manchmal knapp ist. Ich weiß aber auch, dass eine Putzhilfe die Ausgabe wert ist, denn diese Lebensphase währt nicht ewig. Denk an dich und deine Gesundheit!
Hast du bald Geburtstag? Dann lass dir doch mal einen Putzgutschein schenken.

Ich habe noch einen liegen, den ich vor 13 Jahren von meiner Tochter bekam, darauf steht: "20 ma Fensta putzn." Das fand ich unheimlich rührend und auch sehr großzügig.

Der Plan
Anna (37) und Tobias (39) kommen nach einem langen Arbeitstag gehetzt nach Hause. Die Kinder Leon (6) und Mia (4) sind hungrig, in der Wohnung herrscht Chaos. Frisches Obst, Brot und Gemüse fehlen. Auch bräuchten Bad und Küche dringend eine Reinigung, aber dafür sind beide zu erschöpft.

An diesem Tag wird ihnen klar: Sie müssen etwas ändern, sonst wird der Alltag zu belastend. Gemeinsam überlegen sie, wie sie die Situation verbessern können und machen einen Plan. Anna fragt die älteste Tocher einer Bekannten, ob sie einmal pro Woche die Kinder aus der Kita abholt. Das warme Abendessen werden sie ab morgen gleich für zwei Tage zubereiten. Dazu bestellen sie einen Lieferdienst, der Obst und Gemüse bringt und Tobias kümmert sich um eine Putzhilfe, die alle 14 Tage vormittags Küche und Bad reinigt. Nach einem Monat stellt das Paar erleichtert fest, dass jeder dieser Punkte zur Entspannung beiträgt und dass ihr Familienleben nun harmonischer läuft.

Diese Alltagsszene ist ein gutes Beispiel, wie du Unterstützung organisieren kannst. Manches klingt vielleicht zu leicht, aber oft muss man Dinge auch einfach mal tun.
Mach eine kleine Ideensammlung zu diesem Thema, was fällt dir dazu ein? Und werde nun aktiv!

• *Finde einen verlässlichen Babysitter*

Eine Kinderbetreuung ab und zu schafft dir zeitliche Freiräume und entlastet dich an der einen oder anderen Stelle. Deshalb - suche dir einen freundlichen und verlässlichen Babysitter!
Ich finde es wichtig, dass sich dein Kind ab einem gewissen Alter auch daran gewöhnt, dass Mama und Papa nicht immer verfügbar sind. Oft freut es sich schon, wenn der Babysitter kommt, weil es mit ihr oder ihm ganz andere Sachen spielen kann, als mit euch.

Um eine gute Betreuungsperson zu finden, gibt es verschiedene Varianten. Hier sind Möglichkeiten.

- o Sind Jugendliche in deiner Nähe, die mit deinem Kind einen Spaziergang machen oder Dinge unternehmen, die dir nicht so liegen?

- Trau dich, jemanden anzusprechen, die oder der dir sympathisch ist.
  Hast du eine Freundin mit älteren Kindern?

- Hängst du lieber ganz old-fashioned einen Zettel im Supermarkt oder vor einer Schule aus? Gute Idee! Machen!

- Es gibt auch frisch Pensionierte oder Menschen ohne Enkel, die Lust darauf haben, mit Kindern zusammen zu sein. Finde eine nette ältere Person.

Oft liegt das, was du suchst, näher als du denkst. Manchmal braucht es aber auch 2 oder 3 Anläufe, um die richtige Betreuung für dein Kind zu finden. Achte darauf, dass sich eure Werte ähneln.
Die "Chemie" zwischen allen Beteiligten soll schließlich stimmen und du musst ein gutes Gefühl haben. Wirf bitte nicht die Flinte ins Korn, wenn es nicht gleich beim ersten Mal gelingt. Hab Geduld!

Für mich war es am Anfang wichtig, zu Hause in einem anderen Zimmer zu sein. So konnte ich mir ein Bild von der neuen Person machen und schauen, ob es passt.

Wenn du mehrere Kinder hast, kann es hilfreich sein, eine Betreuungsperson auch mal nur für ein Kind zu engagieren. So gewinnst du Freiräume für die anderen, denen du dich dann eine Zeit lang intensiver widmen kannst.

Wenn das ältere Kind in die Schule kommt, möchtest du bestimmt an einem Nachmittag in der Woche Zeit haben, damit ihr euch ungestört und konzentriert gemeinsam den Hausaufgaben widmen könnt. Das jüngere Kind darf vielleicht derweil mit der Oma einkaufen gehen.

Steht ein Arztbesuch mit einem Kind an, kannst du das gesunde Kind bei einer vertrauten Person lassen, dann wird es weniger anstrengend.

Du merkst, auch hier gibt es viele Möglichkeiten.

- **Coaching – für Klarheit, Mut und neue Perspektiven**

Für manche Anliegen lohnt es sich, die Unterstützung eines Coaches in Anspruch zu nehmen.

Diese(r) kann dir individuell und abgestimmt auf dich und deine Situation helfen, dein Leben freudvoll zu gestalten und gut zu organisieren.

Ein Blick von außen sieht wertvolle Ressourcen, die dir selbst verborgen bleiben.

Oft genügen wenige Stunden Coaching, um Klarheit in deine Gedanken und eine neue Struktur ins Leben zu bringen, das bemerke ich immer wieder. Es funktioniert übrigens auch online sehr gut!

- **_Sei achtsam mit dir_**

Soziale Unterstützung bedeutet nicht nur, Hilfe von anderen anzunehmen, sie beginnt bei dir selbst. Gehe sozial mit dir um!

Indem du auf dich acht gibst und für dein eigenes Wohlbefinden sorgst, stärkst du deine innere Stabilität und schaffst somit die Grundlage dafür, Unterstützung überhaupt annehmen zu können. Durch den ehrlichen Blick auf dich, lernst du deine Bedürfnisse zu erkennen und diese im nächsten Schritt zu kommunizieren. Genau das erleichtert es dir, sowohl Hilfe zu empfangen als auch liebevoll für andere da zu sein.

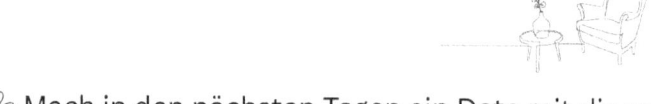

🍀 Mach in den nächsten Tagen ein Date mit dir selbst, schaffe eine gemütliche und ungestörte Atmosphäre und werde dir deiner Bedürfnisse bewusst.

- *Baue ein Netzwerk mit anderen Eltern auf*

Andere Eltern sind oft eine wunderbare Quelle für Support, weil sie in der gleichen Situation sind, wie du und ihr.
Mach dich auf die Suche nach Müttern und Vätern, die ähnliche Ansichten haben wie du und die daran interessiert sind, dass ihr euch gegenseitig stärkt. Überlegt gemeinsam, was ihr braucht und was euch guttut. Trefft euch, plaudert, lasst eure Kinder miteinander spielen und teilt gleichzeitig anliegende Aufgaben, Knöpfe annähen, Blumenkästen bepflanzen, Garten harken, Lampen putzen? Zusammen macht das einfach mehr Spaß und ihr baut gegenseitiges Vertrauen auf!

In manchen Regionen der Welt, zum Beispiel in Skandinavien, gibt es sogenannte "Eltern-Coops". Dort tun sich Eltern zusammen, um sich gegenseitig bei der Betreuung ihrer Kinder abzuwechseln. Vielleicht gibt es auch in deiner Nähe ähnliche Netzwerke oder Gruppen, die dir eine riesige Hilfe sein könnten. Informiere dich und probiere es aus!

Ich plädiere nicht dafür, das Kind unkontrolliert in fremde Hände zu geben. Mir geht es um ein gesundes Maß an Arbeits- und Ressourcenteilung.

Ideen für das „Eltern-Support-Netzwerk"

Indem Eltern sich gegenseitig unterstützen, wird der Alltag entspannter und freundschaftliche Beziehungen können daraus erwachsen.
Folgende Ideen sind nur ein kleiner Teil der vielen Möglichkeiten, die es gibt und sollen dich inspirieren, um Potenzial zu entdecken und zu heben. Oft fehlt einfach jemand, der den Stein ins Rollen bringt. Trau dich, diese Person zu sein und findet eure Form!
Gestalte dein Leben mit Kind so, dass du später darauf zurückblicken und sagen kannst: "Es war eine richtig schöne Zeit!".

Tausch- und Hilfsbörse - von Katze füttern bis Laub harken

Eine Tauschbörse unter Freunden und Bekannten zu organisieren, ist eine tolle Initiative. Jede(r) hat Fähigkeiten, Einfälle und Ressourcen, die für Andere von Nutzen sein könnten. Sammelt gemeinsam Ideen, wie ihr einander helfen könnt. Was kannst du gut, das eine Andere braucht und umgekehrt - Haareschneiden, Kuchen backen, Fahrrad flicken? Ich bin immer wieder erstaunt, welche Win-win-Situationen dabei entstehen - kleine Deals, bei denen beide Seiten profitieren.

Eine gute Idee kann es sein, dass ihr euch Dinge, die zu erledigen sind, gemeinsam vornehmt. Was steht auf der Tagesordnung und ist mit 2 oder 3 Erwachsenen lustiger als allein?

Ich erinnere mich noch sehr gern daran, wie ich mit meiner Freundin U. in regelmäßigen Abständen unsere Kleiderschränke sortiert und vom alten Ballast befreit habe. Wir mussten über unsere Fundstücke, die wir aus den Untiefen von Kommode & Co hervorbrachten, oft sehr lachen.
Und I. hat mir dabei geholfen, den Keller auszumisten. Gemeinsam haben wir dann alles, was wir ausrangiert hatten in ihr großes Auto geladen und zum Sperrmüll gefahren.
Allein hätten diese Aktionen viel Mühe gemacht, zu zweit jedoch waren sie sehr vergnüglich. Und danach hatten wir viel mehr Energie und waren bereit für neue Taten!

Tipp
Überlege, was besser zu dir passt, eine Abmachung mit einer Person oder mit einer Gruppe, denn beides hat seine Vorteile. Gestalte eine Tauschbörse so, dass sie dich wirklich unterstützt und nicht zur neuen Belastung wird.

Nutze Schwarmintelligenz

Manchmal ist es sehr wertvoll, wenn eine Freundin mit anderen Augen und frischem Wind deine To-do-Liste oder dein Zuhause ansieht. Vielleicht hat sie aus ihrer Erfahrung neue Ideen zur Vereinfachung? Sei offen dafür!

Gib Kinderkleidung weiter

Klar, Kindersachen lassen sich wunderbar auf Flohmärkten verkaufen. Noch leichter kann es gehen, wenn du Zukleingewordenes einfach weiterreichst. So entsteht ein Kreislauf, bei dem alle gewinnen, besonders wenn die Kinder in deinem Freundeskreis unterschiedlich alt sind.

Tipp
Erstelle für eine Gruppe "Geben & Bekommen" eine einfache Liste, in die jede eintragen kann, was sie anbieten kann und was sie benötigt. Du wirst staunen, wie viele Ressourcen schon bereitstehen, egal ob Balettkleidchen oder Faschingskostüm. Auch ist es schön zu sehen, wenn die Dinge sinnvoll genutzt werden.

Digitaler „Mama-Tea-Talk"

Warum nicht eine virtuelle Teerunde ins Leben rufen, bei der du dich mit alten Freundinnen aus einem anderem Ort austauschst? Oft seid ihr in der Welt verstreut und anstatt darauf zu warten, dass mal zufällig eine vorbeikommt, habt ihr eine Verabredung, bei der ihr zu Hause bleiben könnt.
Eine halbe Stunde, einmal im Monat – ganz unkompliziert über Zoom oder eine andere Plattform. Jede bringt sich eine Tasse Tee mit, ihr sprecht über eure Erlebnisse, lacht und unterstützt euch gegenseitig.
Ein verbindender Austausch, der dein Netzwerk erweitert und bei dem du an den Erfahrungen anderer Personen teilhaben kannst - das ist doch wunderbar! Denn - gemeinsam ist man immer klüger!

Tipp
Sinnvoll kann es sein, für diese Treffs einen zeitlichen Rahmen zu setzen. Es ist völlig okay zu plaudern. Ihr könnt auch Themen sammeln, diese festlegen und dann darüber sprechen. Das gibt eine gute Struktur.

Eltern-Fest – Ein gemeinschaftliches Event für eure Nachbarschaft

Wenn ihr mal Lust auf eine Party habt, könntet ihr neben all den kleinen Treffen auch ein größeres Event im lokalen Park oder einem Gemeinschaftsraum planen.

Ein Eltern - Fest ist ein richtig schöner Weg, um Leute aus deiner Umgebung zusammenzubringen. Vielleicht wählt ihr Themen wie: Internationales Buffet oder ein „Eltern-Karaoke"? Oder einfach mal wieder ausgelassen tanzen? Ihr werdet zusammen Spaß haben und euch mit guter Laune gegenseitig inspirieren.
Verteilt die Vorbereitung auf viele Schultern, dann hält sich der Aufwand in Grenzen und alle können sich entspannen. Legt auch fest, wer nach dem Fest aufräumt und wer die Flaschen wegbringt!

Tipp
Im Kindergarten gibt es manchmal für die Kinder eine Übernachtung. Vielleicht möchtet ihr die Gelegenheit ergreifen, um euch an diesem kinderfreien Abend auch etwas Gutes zu tun?

Eltern-Treffen „In-Real-Life-Challenges"

Seien wir ehrlich, manchmal laufen Gespräche mit anderen Eltern Gefahr, sich im Kreis zu drehen. Wie wäre es, vorher ein Thema einzubringen, wenn ihr ein Treffen plant? Bei diesen „In-Real-Life-Challenges" könnt ihr gemeinsam brainstormen und Lösungen einsammeln.
Ein interessantes Thema wäre zum Beispiel, welche Erfahrungen Andere mit ihrer Work-Live-Balance machen.
Es könnte auch eine praktische Aufgabe geben, wenn euch das gefällt. Eine kleine Gartenaktion, das gemeinsame Organisieren des Spielzimmers oder das Reparieren von Spielzeug.
Solche Aktivitäten verbinden euch Eltern und fördern Zusammenarbeit und Hilfsbereitschaft.
Wenn ihr mögt, trefft euch reihum.

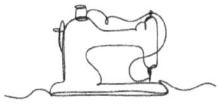

Tipp
Lege bei den Treffen eine Liste mit Fragen aus, die dich gerade beschäftigen.
In diese Liste kann dann jede ihre besten Tipps eintragen, z.B. wo es schöne Kleidung gibt oder eine Idee für den nächsten Familienausflug.

Eltern-Safari – Kurzurlaub mal ohne Kinder

Du hast Lust auf einen Kurztrip oder willst einfach mal rauskommen?
Organisiere eine kleine Elternreisegruppe für einen Tag oder sogar für ein Wochenende. Finde Verbündete und wählt gemeinsam ein schönes Ziel in der Nähe, wo ihr euch entspannen oder etwas Kreatives erleben könnt. Einfach nur ihr!
Wenn ihr über Nacht reist, kann jede ein eigenes Zimmer beziehen, das entspannt zusätzlich. Die Mahlzeiten und Freizeitaktivitäten unternehmt ihr zusammen, denn diese bieten den Raum, einfach eine gute Zeit miteinander zu verleben.
Losgelöst von Erziehungsfragen und Gedanken ans nächste Meeting eine Auszeit zu verbringen, ist äußerst wertvoll und Balsam für die Seele!

Tipp
Wechselt euch entweder als Paar oder gemeinsam mit anderen Eltern mit der Betreuung der daheimgebliebenen Kinder ab. So kommt jede/r in den Genuß von Freizeit und kehrt entspannt und aufgetankt mit frischen Kräften nach Hause zurück.

Hobby-Sharing – Gemeinsam Neues entdecken

Manchmal bekommen alte Freunde ihre Kinder zu anderen Zeiten als du, sodass früher geteilte Interessen nicht mehr zusammenpassen. Und es gibt auch Umstände, da hören einst geteilte Hobbys einfach auf. Wir entwickeln uns in andere Richtungen und Lebensentwürfe verändern sich. Das ist ganz normal.
Als Mutter bleibt nicht alles so, wie es einmal war. Vorlieben wechseln, das Leben fließt.
Wie wäre es, jetzt Menschen, die gerade in einer ähnlichen Lebensphase sind wie du, zu ermuntern, gemeinsam Neues zu entdecken und zu teilen?
Das könnte ein regelmäßiges Treffen zum Malen, Tanzen oder Yoga sein. Vielleicht hast du Lust, etwas zu initiieren, bei dem ihr zusammen aufgreift, das dich schon immer interessiert hat.

Wohnst du in einer Stadt mit einem vielfätigen kulturellen Angebot? Der Besuch des Theaters, einer Galerie oder ein Kurs an der Volkshochschule kann dir neue unbekannte Türen öffnen.
Kreativität zu erleben, hilft beim Stressabbau, und bietet die wunderbare Gelegenheiten, neue Freunde zu finden und dabei etwas für sich selbst zu tun.

Mütter-Buddy-System

Viele Mütter wünschen sich, regelmäßig Sport zu treiben, sich aber allein aufzuraffen, fällt ihnen schwer. Ein "Mütter-Buddy-System" könnte helfen. Rufe es ins Leben, sodass sich zwei Personen zu einem bestimmten Zeitpunkt im Monat treffen können, um einen zügigen Spaziergang oder eine sportliche Aktivität zu machen.

Egal, ob Joggen, Tischtennis oder Badminton – gemeinsam macht Bewegung einfach mehr Spaß, und du findest leichter den Schwung, körperlich aktiv zu sein.

Legt Zeiten fest und verabredet euch verbindlich. Manche Aktionen funktionieren auch teilweise mit den Kindern.

Tipp
Einfach geht es auch mit einer Freundin. Mach doch gleich einen Termin aus!

Hast du Inspirationen bekommen? Überlege dir, wozu du schon immer mal Lust hattest, finde eine Betreung fürs Kind und gehe mit frischem Elan ans Werk!

Zusammen geht's leichter!
Die Kraft der emotionalen Unterstützung

Praktische Hilfe ist sehr wichtig, aber ebenso bedeutsam ist die emotionale Unterstützung.
Sie gibt uns Kraft, Mut und das Gefühl, nicht allein zu sein. Gerade im Alltag mit Kindern ist das unbezahlbar: Ein freundliches Wort, ein offenes Ohr oder einfach das Wissen, dass dir jemand zuhört, stärken dich und bringen Funken der Zuversicht, wenn mal etwas schief gelaufen ist.

In vielen Kulturen ist gegenseitiges Füreinander-da-Sein ganz selbstverständlich. Besonders in ländlichen Regionen oder engen Gemeinschaften – wie in vielen afrikanischen Ländern – helfen sich Nachbarn, Freunde und Familien.
Jede(r) unterstützt jede(n).
Solche Strukturen haben nicht nur praktische Vorteile, sondern schenken vor allem herzliche Wärme, Nähe und Geborgenheit.

In unserer westlichen Welt ist dieses Gefühl leider oft verloren gegangen. Viele von uns kämpfen allein mit Hürden, die in einem selbstverständlicheren Miteinander viel leichter zu überwinden wären.

Lass uns das ändern!
Indem wir uns noch stärker mit Menschen verbinden, die uns guttun, können wir sowohl unser eigenes Wohlbefinden steigern, als auch das unserer Mitmenschen.
Denn Gemeinschaft bedeutet zweierlei: zum einen füreinder in anspruchsvolllen Zeiten da zu sein und zum anderen - und das finde ich besonders wertvoll - die schönen Momente, das eigene Wissen und die Erfahrungen miteinander zu teilen.
So können wir gemeinsam daran mitwirken, ein Umfeld zu gestalten, in dem sich jede(r) gesehen, gehört und geschätzt fühlt.

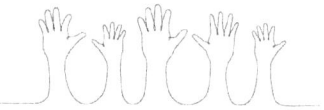

In Ländern wie Schweden oder Dänemark zeigt sich, wie bedeutsam emotionale Unterstützung sein kann. Dort gibt es Programme für junge Eltern, wie die „Förältraudbildningen" (Elternschulungen), die Raum für Austausch, gegenseitige Ermutigung und neue Impulse bieten. Mütter und Väter lernen dort nicht nur, wie sie ihre Kinder gut begleiten, sondern auch, wie sie selbst gestärkt bleiben – wie sie als Eltern nicht auf der Strecke bleiben.

Vorträge und Workshops
Räume für Austausch und Impulse

Natürlich finden wir auch im deutschsprachigen Raum Anregungen, Kurse oder Tipps für Alltag und persönliches Wachstum.
Mach dich auf die Suche nach Alternativen in deiner Nähe. Oft initiieren Frauenzentren, Buchhandlungen und Bibliotheken Themenabende, Workshops oder Vorträge.

Falls du bei dir keine Angebote findest, werde selbst aktiv, denn Handeln ist immer besser als Warten.

- Welche Themen interessieren dich und dein Umfeld?
- Wo könnte die Veranstaltung stattfinden und wer ist ein möglicher Ansprechpartner?
- Welche ReferintInnen möchtest du einladen?

❀ Gibt es Tipps des letzten Kapitels, die besonders gut zu dir und deinem Alltag passen? Schreibe sie wieder in dein Journal.
Welche weiteren Ideen hast du, die dir guttun könnten? Schränke dich nicht ein und notiere alles, was dir einfällt. Aussortieren kannst du später.

Zusammenfassung

Nutze die praktische und emotionale Unterstützung, die dir zur Verfügung steht, und ermutige dich selbst dazu, immer wieder um Hilfe zu holen.

1. Darum ist Unterstützung wichtig
Sie reduziert Stress, stärkt deine Gesundheit und fördert ein liebevolles Familienklima.

2. Mach dir deine Bedüfnisse bewusst
Überlege dir, wo du Entlastung brauchst und schreibe es auf – Klarheit ist der erste Schritt.

3. Starte im Kleinen
Fang mit einfachen Hilfen an, wie einem Nachbarschaftstausch oder unkomplizierten Absprachen mit anderen Eltern.

4. Baue dein Netzwerk auf
Triff dich mit anderen Eltern, erzählt von euren Erfahrungen und helft euch gegenseitig.

5. Trau dich, um Hilfe zu bitten
Es ist kein Zeichen von Schwäche, wenn du um Unterstützung bittest – im Gegenteil, es zeigt Selbstfürsorge und Stärke.

6. Hol dir verlässliche Partner
Großeltern, Freunde oder Paten können eine wertvolle Stütze und wichtige Begleiter für dich und dein Kind sein.

7. Nutze digitale Möglichkeiten
Online-Communities und Gruppen können dir Ideen, Tipps und Kontakte geben – besonders, wenn du neu in der Stadt bist.

8. Setze auf kleine Alltags-Hacks
Tauscht unter Freunden Dinge und erledigt Aufgaben gemeinsam.

9. Zieh professionelle Hilfe in Betracht
Babysitter, Haushaltshilfe oder Coaching sind keine Luxusgüter, sondern Investitionen in deine Entlastung.

10. Plane gemeinsame Aktivitäten
Eltern-Treffen, kreative Feste oder virtuelle Austausch-Runden stärken euer Netzwerk und machen Spaß. Finde deinen "Eltern-Support".

11. Informiere dich
Besuche Vorträge und Workshops. Wenn du keine Angebote findest, organisiere sie selbst.

12. Fülle deine eigene Energie auf
Erkenne deine Bedürfnisse und sorge gut für dich - tue es täglich!

Mit einen starken Netzwerk wirst du deine Aufgaben meistern. Das führt langfristig dazu, dass du zufrieden bist und ausgeglichen lebst. Probiere auch unkonventionelle Wege aus.

> Stress reduzieren.
> Energie tanken.
> Wohlbefinden fördern.

Das erwartet dich in diesem Kapitel

- Pflege dein körperliches und seelisches Gleichgewicht
- Übung - Mehr Einklang mit dir
- Guter Schlaf - Schaffe eine stabile Basis
- Leichte Bewegung, die den Körper belebt
- Deine Ernährung für mehr Energie
- Mentale Gesundheit und Stressmanagement
- Baue kurze Auszeiten in den Alltag ein
- Mental Load – Wenn der Kopf nie Pause macht
- Übung - Selbstcheck - Mental Load
- Auftanken für dein Wohlbefinden

Pflege dein körperliches und seelisches Gleichgewicht

Jetzt, wo du dir Unterstützung im Außen organisiert hast, wird es einfacher, mehr Aufmerksamkeit auf deine innere Balance zu richten.
Natürlich kann es nach wie vor herausfordernd für dich sein, Gedanken zuzulassen, die um dein *eigenes* Wohlbefinden kreisen. Sie sind vielleicht neu und deshalb ungewohnt.
Übrigens verstehe ich deine Bedenken sehr gut. Stelle sie jetzt einen Augenblick zurück, reflektiere dich und denke über deine Annahmen mit der folgenden Übung nach.

Übung – Mehr Einklang mit dir

Nimm dir wieder dein Journal und überlege, was du dir für deine Ausgeglichenheit wünschst. Wovon wünschst du dir mehr? Was darf gehen?
Wer oder was hindert dich daran, freie Momente in deinen Tag oder in deine Woche einzubauen?

Es gibt viele individuelle Wege zu mehr Gleichklang und du kannst bewußt entscheiden, welchen du gehst.

Und hier erzähle ich dir die Geschichte von Annika.

Die Entscheidung
Annika ist nach einem vollgepackten Tag abends so erschöpft, dass sie nur noch auf dem Sofa liegen will. Sie fühlt sich komplett kraftlos, ihr fallen vor Müdigkeit fast die Augen zu, sie möchte nichts mehr hören oder sehen. Das Einzige, was noch geht, ist ein bisschen zielloses Scrollen am Handy.
Schon der Gedanke an eine Aktion, ein Workout oder ein Treffen mit Freunden lässt Annika nervös werden. Heute noch etwas zu unternehmen, ist für sie völlig undenkbar, dabei war sie früher lebenslustig und ließ keine Party aus. Doch jetzt sehnen sich Körper und Geist nur nach Entspannung und nicht nach Power.
Dieses Szenario wiederholt sich Abend für Abend. Obendrein klopft ihr schlechtes Gewissen an. Eine innere Stimme flüstert ihr zu: "Eigentlich solltest du noch..." und "Ihr hattest euch doch vorgenommen, dass...".

Wie geht die Story von Annika nun weiter?

Wir stehen hier an einer Weggabelung und viele Pfade sind denkbar. Ich beschreibe 2 davon.

Weg 1
Annika versucht, sich damit zu trösten, dass es in dieser Lebensphase wohl nicht anders geht. Dennoch bleibt in ihr die Hoffnung, dass alles irgendwann leichter wird – vielleicht, wenn Max und Ella größer sind oder der Alltag sich von selbst ein wenig sortiert.

Und so vergehen Wochen, Monate und schließlich Jahre. Jeder Abend läuft nach dem gleichen Muster: Annika liegt erschöpft auf dem Sofa, hat das Handy in der Hand und das schlechte Gewissen im Nacken.
Erst als die Kinder aus dem Haus sind, merkt sie, wie viel Zeit sie in dieser endlosen Erschöpfungsschleife verbracht hat – ohne sich je wirklich um die Ursachen gekümmert zu haben.

Weg 2
Annika wird klar, dass sie so nicht weitermachen will. Jeden Abend kraftlos auf dem Sofa zu landen, ziellos Mediensternchen zu folgen und sich gleichzeitig Vorwürfe zu machen – das schwächt ihr Selbstvertrauen, raubt ihr Vitalität und Lebensfreude.

Als sie ihre Freundin Evi trifft, bricht es aus ihr heraus. Annika erzählt von ihrer Müdigkeit, ihrem schlechten Gewissen und diesem nagenden Gefühl, dass das Leben an ihr vorbeizieht.
Evi hört aufmerksam zu, stellt Fragen und lässt sie spüren, dass sie mit ihrer Situation nicht allein ist. Evi selbst kann sich noch gut an diese Phase in ihrem eigenen Leben erinnern. Gemeinsam überlegen die beiden, was sich ändern könnte. Wo sind kleine Energietankstellen möglich, was würde Annika entlasten, wer könnte sie manchmal unterstützen? Sie schreiben alle Ideen auf.
Froh und berührt kommt sie nach Hause, spricht mit ihrem Partner Lars und ihren Kindern. Schritt für Schritt hält sich Annika an den kleinen Plan, den sie mit Evi erstellt hat. Nach einiger Zeit fühlt sie, wie Freude und Kraft zurückkehren. Es dauert länger, als sie erhofft hat, dennoch freut sie sich, dass sie neue Perspektiven hat und mehr Klarheit spüren kann.

Fazit
- Annika auf Weg 1 erlebt weiterhin Erschöpfung und das Gefühl, dass die Zeit einfach verrinnt. Sie findet sich, vielleicht unbewußt, mit ihrer Lage ab. Ihr gelingt es nicht, in ihre Kraft zu kommen.

- Annika auf Weg 2 reflektiert sich und entscheidet sich bewusst, kleine Veränderungen umzusetzen. Sie verlässt ihre vertraute Komfortzone und merkt, dass Selbstfürsorge auch in kleinen Schritten wirkt.

Welche Schritte ist Annika bei Weg 2 gegangen?

Damit sich ihre Erschöpfung nicht jeden Abend wiederholt, hat Annika erkannt, dass sie rechtzeitig gegensteuern muss. Die Gespräche mit Evi und Lars haben ihr dabei sehr geholfen. Um nicht permanent an ihre Grenzen zu kommen, hat sie damit begonnen, sich bewusst kleine Auszeit-Inseln zu schaffen. Sie baut diese in ihren Tagesablauf ein und hat beschlossen, mehr auf ihre Gesundheit zu achten. Sie möchte wieder für ihre körperliche sowie mentale Balance sorgen. Deshalb geht sie, wie vor der Geburt ihrer Kinder, zum Volleyball und trifft dort ihre alten Bekannten, was ihr zusätzlichen Spaß bereitet.
Mit Evi hat Annika besprochen, dass diese sie jeden Freitagnachmittag anruft, um zu fragen, was sie in der vergangenen Woche für sich getan hat.
Lars ist ein unterstützender Partner an ihrer Seite.

🍀 Wie sieht es mit dir aus, in welche Richtung würdest du einschlagen?

Guter Schlaf – Schaffe eine stabile Basis

Als Elternteil bekommst du manchmal sehr wenig Schlaf. Viele Nächte sind einfach zu kurz, dein Kind schläft noch nicht durch und wird mehrfach wach. Du stehst auf und beruhigst es. Wenn du dann endlich wieder in den Schlaf gefunden hast, schrillt der Wecker. Viel zu früh reißt er dich aus deinen Träumen. Du wirst kaum wach, fühlst dich unausgeruht. Da ist es schwer, ausgeglichen in den Morgen zu starten.
An solchen Tagen hilft es dir, wenn du klug mit deinen eigenen Kräften haushaltest. Teile deine Energie ein und sei nachsichtig mit dir selbst.
Wenn du ein Baby hast, dauert es vielleicht noch einige Monate, bis du wieder zu deinem geregelten Nachtschlaf kommst.
Für danach gibt es einige Strategien, die du für dich prüfen kannst. Probiere es doch mal mit dem sogenannten Powernap aus. Für dein Wohlbefinden aber auf lange Sicht ist eine verlässliche Schlafroutine unerlässlich.

- *Powernap*
  Ein kurzer Mittagsschlaf von 10–15 Minuten hilft dir, neue Kraft zu tanken und den Tag wacher zu meistern. Diese Mini-Pause regeneriert dich, ohne deinen Schlafrhythmus zu stören.

Dein Kind kann, wenn es alt genug ist, mit einem Zeitwecker lernen, dir das Auftanken zu gönnen. Besonders wirkungsvoll ist der Powernap, wenn du direkt, **bevor** du dich hinlegst, einen Espresso trinkst – das Koffein wirkt nach 20 Minuten. Sofort bist du wach.

- *Schalte dein Handy früher aus*
  Blaues Licht eines Bildschirmes unterdrückt die Melatoninproduktion im Gehirn und signalisiert dir fälschlicherweise, dass es Tag ist. Auch kann es deine innere Uhr verzögern. Deine gewohnte Schlafenszeit wird fremdgesteuert nach hinten verlegt. Dein Geist fühlt sich wach, dein Körper ist jedoch müde.

- *Schlafzimmer – gemütlich oder Rumpelkanner?*
  Schau dir mal dein Schlafzimmer mit den Augen einer anderen Person an. Wie wirkt es auf dich? Ist es ein Ort der Erholung oder wird hier alles abgestellt, was im Wege herumsteht und keinen anderen Platz hat? Befreie dich von überflüssigem und unnützen Gerümpel, dann findest du besser Ruhe. Halte den Raum ruhig und kühl.

- *Lies ein Buch*
  Ein schönes Buch im Bett gelesen, zerstreut Sorgen und Grübeleien. Meist fallen dabei die Augen zu.

- *Schlafhygiene*
  Wenn dir das Einschlafen schwerfällt, versuche vor dem Schlafen Dinge zu tun, die dich entspannen. Mit einem warmen Bad und beim Hören leiser Musik kannst du relaxen. Nutze auch eine Schlafmaske und Ohrstöpsel, wenn du eine sensible Schläferin bist.

- *Beruhigung für deine Nerven*
  Dazu kannst du, bevor du ins Bett gehst, Magnesium einnehmen. Es besänftigt das Nervensystem, Muskeln und Geist können sich besser loslassen und so verbesserst du deinen Schlaf.

- *Qigong*
  Spezielle Qigong-Übungen fördern dein Zurruhekommen. Die kannst du sogar im Bett machen.

- *Schlafenszeit*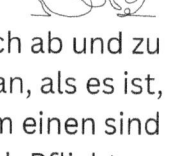
  Es mag banal klingen, aber: geh einfach ab und zu früher schlafen. Das hört sich leichter an, als es ist, es gibt nämlich einige Hindernisse. Zum einen sind es die abendlichen Tätigkeiten und auch Pflichten, die uns blockieren. Zum anderen wollen wir doch auch unsere kostbare Freizeit genießen, wenn endlich Ruhe eingekehrt ist. Jedoch gibt ein bewusster Entschluss deinem Körper die Pause, die er braucht

Leichte Bewegung, die den Körper belebt

Bewegung ist oft der letzte Punkt auf der langen Liste, besonders wenn du sowieso schon überarbeitet bist. Dennoch ist regelmäßige Bewegung eine der besten Möglichkeiten, um deine Energie zu steigern und deine Gesundheit zu fördern. Du musst dafür kein langes, intensives Workout starten. Überlege dir, wie du mehr Bewegung gemeinsam mit deinem Kind in den Alltag einbauen kannst, ohne dich zu überfordern.

- *Spaziergänge*
  Ein kurzer Spaziergang im Quartier kann Wunder wirken. Die frische Luft und das leichte Gehen im Freien helfen dir, deine Gedanken zu ordnen.

- *Oase Wald*
  Spaziergänge im Wald sind beruhigend und auch für Kinder niemals langweilig!

- *Bewegung mit den Kindern*
  Du kannst Bewegung in deinen Alltag integrieren, indem du Aktivitäten wählst, die sowohl dir als auch deinem Kind Spaß machen. Spielen im Park, Radfahren oder Tanzen zu Hause sind für alle toll und eine prima Chance für euch, körperlich aktiv miteinander Zeit zu verbringen.

Deine Ernährung für mehr Energie

Es ist absolut kein Geheimnis, dass unsere Ernährung einen großen Einfluss auf unseren Energiehaushalt hat. Dennoch verfallen wir manchmal in recht ungesunde Angewohnheiten, die uns auf Dauer schaden.
Damit meine ich nicht den Keks zum Cappucchino, sondern unser reflexartiges Greifen nach ungesunden Snacks bei Müdigkeit und Stress. Diese süßen oder fettigen Verführungen pushen uns vielleicht kurzfristig, aber auf lange Sicht schwächen sie unseren Körper. Wir wissen natürlich, dass sie uns nicht guttun und dennoch können wir oft nicht widerstehen.

Überprüfe deine Ernährung und gestalte sie bewußt gesund. Nutze einfache Wege für mehr Vitalität und Schwung. Sei experimentierfreudig und beziehe deine Familie mit ein.

- *Ausgewogene Mahlzeiten*
  Plane Mahlzeiten, die aus einer ausgewogenen Mischung von Eiweißen, Kohlenhydraten und gesunden Fetten bestehen. Mach es dir leicht! Es gibt viele einfache Gerichte, die wenig Aufwand erfordern, und die deinen Körper dennoch mit den so lebenswichtigen Nährstoffen versorgen.

- *Energie-Booster*
  Halte gesunde Snacks, wie Nüsse, Obst und Vollkornprodukte immer griffbereit. Sie versorgen dich gleichmäßig und langanhaltend mit Energie und verhindern, dass du in ein Energieloch fällst.
  So bleibt dein Blutzuckerspiegel stabil – und damit sind auch deine Konzentration und Stimmung im Gleichgewicht.

- *Iss rechtzeitig*
  Manchmal ist die Spanne zwischen den Mahlzeiten einfach zu groß. Auch hier sinkt der Glukosewert stark und dein Nervenkostüm leidet. Dadurch wirst du dünnhäutiger und ungeduldiger.
  Hab zur Überbrückung immer ein Tütchen oder eine Box mit Nüssen und einen Apfel in der Tasche. Oder wie wär es mit dem guten alten Pausenbrot?

- *Kaufe gesunde Nahrungsmittel*
  Wenn das Glas Nutella erstmal gekauft ist, kann man sich in einer schwachen Stunde meist nicht beherrschen. Du greifst zum Löffel und kratzt den Inhalt bis auf den letzten Rest aus. Du weisst es ja selbst - hier lauert die echte Gefahr! Bleib standhaft und geh beim Einkaufen im großen Bogen an fett- und zuckerreichen Lebensmitteln vorbei.

- *Probiere dich aus*
  Teste gesunde Rezepte mit einem hohen Anteil an gesunden Zutaten. Du findest tausende interessante Varianten im Netz.

- *Iss das, was dir schmeckt*
  Du brauchst nicht die nächsten 15 Jahre nur das Lieblingsessen deiner Kinder zu essen oder gar deren Reste vom Teller zu kratzen!
  Mach dir im Kopf oder auf dem Papier eine Liste an Gerichten, die du magst und bereite diese Mahlzeiten regelmäßig für dich zu.
  Auch wenn dein Kind kein ausgesprochener Salatfan ist, kannst du ihn für dich zubereiten.

- *Mealprep*
  Mit wenig Vorbereitung hast du auch im Büro ein gesundes Essen parat und ersparst dir den Gang zum nächsten Bäcker. Lecker und ohne Hektik.

- *Flüssigkeit nicht vergessen*
  Trinke regelmäßig Wasser oder Kräutertee. Müdigkeit und Kopfschmerzen sind oft Anzeichen von Flüssigkeitsmangel. Stell dir eine Wasserkaraffe oder eine Teekanne sichtbar an deinen Arbeitsplatz und in deine Wohnung. Trinke 2 Liter.

Mentale Gesundheit und Stressmanagement

Dein Wohlbefinden umfasst alles – die äußeren Gegebenheiten und ebenso deine mentale Gesundheit. Letztere wird im Alltag leicht vergessen, weil man sie nicht sofort sieht. Dabei ist sie entscheidend für dein inneres Gleichgewicht.

Eltern zu sein, ist emotional anstrengend.
Es gibt Tage, an denen dich die Verantwortung fast überwältigt und Momente, in denen du spürst: Ich bin an der Grenze meiner Kräfte angekommen.
Solche Gedanken und Gefühle sind völlig verständlich. Folgende Dinge helfen dir, ein positives Mindset zu entwickeln, zu stärken und zu etablieren.

- *Fördere Dankbarkeit*
  Gerade wenn es im Alltag mal schwierig wird, neigen wir dazu, uns in negativen Gedanken oder gar Dauerschleifen zu verlieren.
  Eine Möglichkeit dem entgegenzuwirken ist, dir regelmäßig kleine Dankbarkeitsübungen vorzunehmen.
  Denke an das, was dir heute gut gelungen ist und würdige diese kleinen Augenblicke.

- *Notiere positive Gedanken*
  Mit dem Aufschreiben von positiven, aufbauenden Gedanken richtest du den Fokus auf das Gute in deinem Leben.

Tipp
Nimm dir abends eine Minute, um in dein Jounal drei Punkte zu schreiben, für die du dankbar bist.
Es können kleine Dinge sein, wie ein Lächeln von deinem Kind, die gute Luft zum Atmen oder einen Kaffee, den du in Ruhe genießen konntest.
Aber auch die ganz wichtigen Sachen im Leben verdienen es, gesehen zu werden. Eure Liebe, die Gesundheit, eine Wohnung.
Diese kurze Übung hilft dir, das Gute schätzen, und bei aller Hektik die schönen Seiten des Alltags zu würdigen.

- *Entspannungsübungen*
  Wenn du merkst, dass dir der Stress zu viel wird, hilft es, entspannende Übungen wie progressive Muskelentspannung oder einfache Atemtechniken auszuprobieren. Im Yoga gibt es etliche Varianten. Das unterstützt darin, Anspannungen zu lösen und dein Nervensystem zu beruhigen.

- **Mentale Pausen**
  Wie der Körper Pausen braucht, so sehnt sich auch dein Geist immer wieder nach ruhigen Momenten. So kann er abschaltet und regenerieren.
  Kurze Auszeiten, in denen du den Kopf frei bekommst, tun dir wohl und fördern deine mentale Gesundheit.
  Mach einfach mal nichts!

- **Meditation**
  Setz dich für 5 - 10 Minuten dich hin, schließe die Augen und lasse deine Gedanken einfach ziehen. Du kannst dir auch vorstellen, wie du Ärger und negative Gedanken in einen Luftballon packst und ihn in den Himmel steigen lässt.

  Vielleicht möchtest du dies mit Naturklängen, wie Meeresrauschen oder Vogelgezwitscher kombinieren. Es könnte dich schneller entspannen.
  Wenn viele störende Geräusche um dich herum schwirren, atme ruhig weiter und sage dir innerlich: „Ein Yogi kann auch an der Autobahn meditieren."

Baue kurze Auszeiten in den Alltag ein

Finde kleine, aber kraftvolle Momente der Ruhe. Verteile sie über den ganzen Tag und gestatte dir, durchzuatmen und zu regenerieren.

- **5-Minuten-Pausen**
  Setze dir die Absicht, mehrere kleine Pausen im Tagesablauf einzubauen, einige Minuten genügen. Ein kurzes Stretching oder ein paar Lockerungsübungen können Wunder wirken. Um den Stress abzubauen und um Gedankenpausen einzulegen, lass dich vom Timer deines Handys erinnern.

- **Mindful moments**
  Wenn du das Gefühl hast, dass es dir gerade zu trubelig wird, nimm dir einen Moment, um bewusst nach innen zu gehen. Schließe die Augen und lass für eine Minute alles los. Diese kurzen Augenblicke beruhigen deinen Geist, deine Kraft kehrt zurück.

- **Wortdusche**
  Sprich dir selbst etwas Liebes zu.
    - Ich gebe mein Bestes.
    - Das mache ich gut genug.
    - Jeder Mensch braucht Pausen, ich auch.
    - Ich bin lustig und freundlich.

- **Lass dich von der Sonne bescheinen**
  Stell dich für 2 Minuten auf den Balkon, ans offene Fenster oder vor die Haustür und spüre die Sonne, die frische Luft im Gesicht.
  Das gibt dir sofort mehr Energie.
  Wenn es regnet, genieße die Kühle und stell dir vor, wie alle Anspannung von deinem Gesicht gewaschen wird.

- **Karte mit einer schönen Botschaft**
  Ein freundlich - prägnanter Motivationssatz kann uns aus unseren Gedankenmustern führen.
  Mach beim nächsten Einkauf einen kleinen Abstecher und besorg dir eine Karte mit einem lustigen oder tiefsinnigen Satz. Es dürfen auch 2 oder 3 sein.
  Stelle diese in deiner Wohnung an einen gut sichtbaren Ort, an dem du oft vorbeikommst oder klemme sie an den Badspiegel.

- **Werde selbst kreativ**
  Wenn du Freude daran hast, gestalte dir deine Karte mit einem aufbauenden Spruch selbst. Kennst du Hand Lettering, Brush Lettering oder Modern Calligraphy?
  Da hast du sogar als Ergebnis noch ein kleines Kunstprojekt!

- *Finde eine gute Einstellung zu deinem Tag*
  Überlege dir, wenn du morgens die Augen öffnest, mit welcher Einstellung du heute durch den Tag gehen möchtest.

  - Mit Leichtigkeit und Humor?
  - Mit Begeisterung und Gewissenhaftigkeit?
  - Was gefällt dir und was passt zu dir?

  Ist deine Wahl eine feste Größe für dich oder hat sie auch einmal eine völlig neue Qualität?
  .

- *Konzentriere dich auf das Wesentliche*
  Besonders in intensiven Zeiten neigen wir dazu, uns in vielen kleinen Aufgaben zu verlieren. Lass dich nicht ablenken oder von Nebensächlichkeiten stressen.
  Um das zu vermeiden, hilft es, eine Liste zu machen und deine To-dos aufzuschreiben.

Mental Load – Wenn der Kopf nie Pause macht

Kennst du das Gefühl, dass immer du an alles denken musst? An den überlangen Einkaufszettel, den bevorstehenden Kindergeburtstag, den nächsten Impftermin, das Geschenk für die Kollegin?
All diese 1000 kleinen und großen Dinge drehen sich wie ein Karussell unablässig in deinem Kopf herum und lassen sich nicht anhalten? Du möchtest das Radio in deinem Gehirn abschalten, aber es gelingt dir einfach nicht?

Dieser unsichtbare Denk-Stress ist bekannt als Mental Load.
Bei vielen Müttern ist er enorm hoch und sie merken oft erst spät, wie erschöpfend dieser Zustand ist. Sich für sehr viele Belange des Lebens verantwortlich zu fühlen, macht müde, gereizt und raubt einem Menschen sehr viel Energie.

Schnell wird dann aus Mental Load ein Mental Overload. Die Forderungen und Belastungen werden zu viel. Du bist nur noch leer und ausgebrannt.

Übung – Selbstcheck – Mental Load

Ich lade dich jetzt ein, eine Bestandsaufnahme zu machen.

Nimm dein Journal, beantworte ehrlich diese Fragen. Schreib alles auf, was dir einfällt. Die Antworten sind nur für dich bestimmt.

- Wie oft fühlst du dich geistig erschöpft, obwohl du körperlich gar nicht viel getan hast?

- Drehen sich deine Gedanken ständig um To-dos, Termine oder Dinge, die du nicht vergessen darfst?

- Wie leicht fällt es dir, Aufgaben und Verantwortung abzugeben?

- Wie oft denkst du an Dinge, die „noch schnell erledigt" werden müssen – auch spätabends?

- Du möchtest schlafen, doch dein Kopf plant weiter und organisiert?

- Hast du manchmal das Gefühl, ständig etwas zu vergessen oder hinterherzuhinken?

Diese Übung fördert deine Selbstwahrnehmung.
Lies dir deine Antworten in Ruhe durch und beobachte, welche Gedanken oder Gefühle sich bei dir zeigen.

- Wenn du bei mehreren Fragen „ja" gesagt hast, erlebst du wahrscheinlich gerade eine recht hohe mentale Belastung.

- Wenn du bei manchen Fragen unsicher bist oder schwankst, kann das ein Hinweis sein, dass du dich im Übergang befindest – zwischen Überforderung und Balance.

- Wenn du bei vielen Fragen gelassen reagiert hast, scheint dein Mental Load momentan gut im Gleichgewicht zu sein. Alles in Ordnung? Wunderbar!

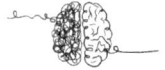

Auch wenn du Mental Load bei dir identifiziert hast ist alles ok, denn du bist nun handlungsfähig und kannst dagegen etwas tun!
Mit mehr Struktur und guter Verteilung der Aufgaben wirst du selbstwirksam und entlastest deinen Kopf.
Das gibt dir die Möglichkeit, dich nach und nach wieder innerlich zu entspannen.

So reduzierst du Mental Load

1. Schreibe alle Gedanken auf, die in deinem Kopf immer wieder auftauchen.
   Allein das Notieren entlastet dich schon.

2. Frage dich anschließend:
   - Welche Dinge muss ich wirklich selbst erledigen?
   - Was kann ich abgeben oder delegieren?
   - Habe ich tatsächlich so viel zu tun – oder fühlt es sich nur so an, weil es so viele verschiedene Baustellen sind?

   - Frage dich: Was erledige ich wann – und wie?
   - Bündele deine Stichpunkte und fasse deine Aufgaben thematisch zusammen. Dienstag ist Orga-Tag, freitags wird gewaschen und am Samstag geht ihr einkaufen.
   - Gib dir selbst Struktur, sie schafft Ruhe im Kopf.
   - Sprich mit deiner Partnerin/deinem Partner.

Gib nicht nur einzelne Aufgaben, sondern ganze Aufgabenbereiche komplett ab. Das macht den Unterschied!

4. Führe offene Gespräche mit den Menschen, mit denen du zusammenlebst. Das hilft dir, wieder Ordnung in deinen Gedankenstress zu bringen. Scheue dich auch an dieser Stelle nicht, dir Unterstützung zu holen. Mit einem einfachen: "Ich glaube, ich brauche deine Hilfe" wirst du bestimmt ein Herz öffnen.
Verteile mit deinem Partner und in der Familie die Aufgaben auf mehrere Schultern. Klärt, wer für welche Themen die Verantwortung übernimmt.

5. Mach dir jeden Sonntag einen Überblick über die kommende Woche - tue das schriftlich.
So bist du vor bösen Überraschungen gefeit und minimierst hektische Last-Minute-Aktionen.

Mit all diesen Strategien verringerst du deine mentale Belastung. Langsam aber sicher.
Weil du Klarheit über deine Aufgaben erlangst, sie sortierst und mit deinen Lieben darüber sprichst, bekommst den Kopf frei und kannst wieder mit mehr Gelassenheit und Freude durch den Alltag gehen.

Auftanken für dein Wohlbefinden

Jeder Mensch gewinnt auf seine eigene Weise neue Energie. Manche fühlen sich wohl im Austausch mit anderen, andere brauchen eher Ruhe und Rückzug.
Extravertiert veranlagte Menschen blühen auf, wenn sie unter Leuten sind, Gespräche führen und aktiv im Kontakt stehen. Introvertierte dagegen finden ihre Erholung in stillen Momenten und wenn sie nach innen gehen.
Und natürlich gibt es viele Mischformen: Die meisten von uns tragen beides in sich – je nach Situation, Stimmung oder Lebensphase zeigt sich mal die eine, mal die andere Seite stärker.

Gehe kurz in dich und spüre in dich hinein.
Was nährt und stärkt dich? Wo blühst du auf?
Mit diesen Einsichten weisst du besser, woher du deine Kraft ziehst und kannst leichter Prioritäten setzen.

Gesellig und kontaktfreudig

Wenn du ein **extravertierter Typ** bist, lädst du deine Energiereserven besonders gut im Zusammensein mit Anderen auf. Verbringe deshalb bewusst Zeit in Gesellschaft, die dir guttut – mit Menschen, bei denen du dich einfach wohlfühlst.

1. Selbstfürsorge mit Freunden

Triff Freunde, die dir guttun. Suche die aus, bei denen du dich angenommen fühlst und mit denen es egal ist, ob du gestylt bist oder nicht - Hauptsache ist, dass ihr euch seht.

Ob es ein Spaziergang, ein Besuch in einem Bistro oder einfach ein empathisches Gespräch ist – soziale Verbindungen sind für Extravertierte wichtig, um die eigene mentale Gesundheit zu fördern, neue Gedanken aufzunehmen und aus dem Einerlei des Familienalltags mal herauszukommen.

2. Finde Inspiration

Manchmal braucht der Geist auch Futter - frische Eindrücke, Ideen und Denkanstöße, die dich innerlich bereichern.

Inspiration öffnet den Blick, bringt Schwung in deine Gedanken und erinnert dich daran, was dich begeistert und lebendig sein lässt.

Sei es ein Film im Kino (geh allein, mit Freunden oder auch mit deinem Kind - es gibt Kinderfilme, die auch dich als Erwachsene erfreuen), ein Besuch in der Galerie um die Ecke oder ein Kunstmuseum. Auch der Besuch einer Bibliothek oder einer Buchhandlung könnte dir gefallen.

Ich habe es geliebt, mit meinen Kindern in die Gemäldegalerie zu gehen. Die Museumswärter haben anfangs irritiert geschaut, wenn ich als Mutter mit meinen 3 Kindern die Säle durchschritten habe.
Meine Tochter saß im Buggy, die beiden "Größeren" waren links und rechts an meiner Seite. Das hat bei uns immer super und ohne Zwischenfälle funktioniert. Das kleinste Kind hatte es bequem und die Älteren bekamen ein Headset und haben sich dabei die Bilder angesehen.
An diese Stunden denke ich gern zurück.

Tipp
Wenn du es auch ausprobieren möchtest, empfehle ich dir, diese Art der Aktion zeitlich zu begrenzen.
Besucht zwischendurch oder im Anschluss das Museumscafè, das kommt bei Kindern sehr gut an, bei den Eltern übrigens auch. Ideal ist es, wenn du mit einem Kind beginnst, dann weiß dieses schon, wie man sich in einem Museum benimmt und überträgt seine Kompetenz auf die Geschwister.
Kinder haben freien Eintritt, du bist mit einer Jahreskarte entspannt und falls es doch für dich zu stressig wird, geht ihr einfach wieder. Punkt.
Mancherorts gibt es auch Kindermuseen oder Ausstellungen mit interaktiven Stationen, bei denen Anfassen erwünscht ist. Das macht auch Eltern Spaß.

3. Geh(t) mal wieder tanzen
Vielleicht gibt es einen Club um die Ecke? Geht als Paar, bringt das Babyphon zu den Nachbarn oder schnapp dir eine Freundin. Und los gehts!

4. Lade zu einem gemeinsamen Kochen ein
Ein gemeinsamer Kochabend mit Freunden bringt Abwechslung und gute Laune. Leckeres Essen, nette Gespräche und fröhliche Momente füllen nicht nur den Magen, sondern auch deine Seele. Verteile, wer welche Zutaten mitbringt, und bereitet die Mahlzeit zusammen zu.

Tipp
Die Wohnung darf bunt bleiben, Toilette und Waschbecken sind in 5 Minuten geputzt. Ansonsten - kein Stress. Schließlich wird bei euch gelebt!

Extratipp
Falls euer Lebensraum in deinen Augen zu wirr und unaufgeräumt ist, und dein ästhetisches Empfinden es nicht erträgt, in diesem Zustand Leute zu empfangen, nehmt einen großen Korb oder Karton. Sammelt alles, was auf dem Boden liegt hinein und ab damit in ein anderes Zimmer. Ihr habt nun mehr optische Klarheit und sortiert die Sachen an einem anderen Tag weg.

Ruhig und achtsam

Wenn du ein eher **introvertierter Typ** bist, regenerierst du anders als eine extravertierte Person. Dann helfen dir Ruhe, Natur und Zeit mit dir allein, um wieder zu Kräften zu kommen.

1. **Schaffe Rückzugsorte**
Richte dir eine kleine Wohlfühlecke ein – mit einem Buch, einer Tasse Tee oder einfach nur mit Stille.

2. **Zeitfenster nur für dich**
Plane feste Zeiten ein, in denen du nichts musst und einfach nur sein darfst.

3. **Sortiere deine Gedanken**
Spaziergänge allein oder das Schreiben eines Tagebuchs helfen dir, innerlich klar und ruhig zu werden.

4. **Geh in die Natur**
Nutze alle Möglichkeiten, um dich mit der Natur zu verbinden. Eine Fahrradtour durch den nahegelegenen Wald, ein kleines Gemüsebeet auf dem Balkon oder deine Pflanzen schenken dir Freude.

Egal, ob introvertiert oder extravertiert – wichtig ist, dass du weißt, wie du deine Batterien auflädst. Finde es heraus!

Zusammenfassung

Pflege dein körperliches und seelisches Gleichgewicht. Mache Selbstfürsorge in kleinen Schritten, denn sie wirken in den meisten Fällen nachhaltiger als große Vorhaben.

1. **Guter Schlaf**
Schaffe eine stabile Basis mit Schlafroutine, Powernaps und gesunder Schlafhygiene.

2. **Leichte Bewegung**
Integriere Spaziergänge und spielerische Bewegung mit deinen Kindern in den Alltag.

3. **Ernährung**
Setze auf gesunde, ausgewogene Mahlzeiten und ausreichend Flüssigkeit.
Mealprep erleichtert den Alltag.

4. **Mentale Gesundheit**
Fördere positive Gedanken, probiere Journaling, Meditation und Entspannungsübungen. Lege kleine Denkpausen ein.

5. Kurze Auszeiten
Verteile Momente der Ruhe, Atem- und Körperübungen gezielt über den Tag.

6. Mental Load reduzieren
Notiere Gedanken, delegiere Aufgaben, erstelle Wochenpläne und sprich offen mit deinem Umfeld.

7. Auftanken und Energie gewinnen
Finde deine persönlichen Kraftquellen. Entscheide, ob du als extravertierter Typ Aktion mit Freunden oder als introvertierter Typ eher Ruhe und Rückzug bevorzugst.

8. Freude
Baue bewusst Momente in dein Leben ein, die dir Freude machen.
Museumsbesuche, Tanzen oder draußen in der Natur - gestalte deine Zeit!

Klarer planen.
Übersicht behalten.
Kopf entlasten.

Das erwartet dich in diesem Kapitel

- Organisiere deine Zeit - es gibt Besseres als Multitasking
    1. Mini-Task-Methode
    2. Energie-Fokus-Block
    3. Singletasking-Momente
    4. Setze Prioritäten
    5. Sag mit reinem Gewissen NEIN
    6. Tagesplan und feste Zeiten
    7. Multitasking mit Bedacht

Organisiere deine Zeit – es gibt Besseres als Multitasking

Seit Jahren hält sich das Märchen vom Multitasking – besonders, wenn es um Frauen geht.
Die Umwelt geht davon aus, dass sie mühelos mehrere Aufgaben zeitgleich erledigen können und dadurch mehr leisten. Auch viele Frauen glauben von sich, dass dies möglich ist oder zumindest so sein sollte. Dieser gewaltige Irrtum steckt fest in unseren Köpfen und beeinflusst bis heute, wie wir unseren Alltag gestalten.

Gerade als vielbeschäftigte Mutter versuchst du oft, mehrere Dinge parallel zu bewältigen: den Haushalt zu schmeißen, während du mit dem Kind sprichst, in Gedanken beim Job bist und zwischen 2 Satzfetzen noch schnell eine dringende Nachricht beantwortest.

Die ernüchternde Wahrheit lautet jedoch:
Unser Gehirn ist nicht dafür ausgelegt, mehrere komplexe Aufgaben gleichzeitig zu bearbeiten.

Stattdessen springt es unaufhörlich zwischen den verschiedenen Tätigkeiten hin und her.
Dieses permanente Umschalten kostet uns riesige Portionen an Energie, raubt Konzentration und laugt aus.

Rein biologisch ist Multitasking pures Gift für dein Nervensystem - es überfordert und hält deinen Kopf dauerhaft in Alarm. Du kommst einfach nicht zur Ruhe.
Wenn du aber stattdessen deine Aufgaben gut planst und sie nacheinander angehst, arbeitest du viel fokussierter und kommst mit weniger Energieeinsatz zu erheblich besseren Ergebnissen.

Hier ist eine Auswahl an Tools, die dir helfen, den Alltag stressfreier zu meistern – ohne alles gleichzeitig und sofort erledigen zu müssen.

1. Mini-Task-Methode
2. Energie-Fokus-Block-Methode
3. Singletasking-Momente
4. Setze Prioritäten
5. So gelingt dir das Neinsagen
6. Tägliche Routinen und feste Zeiten
7. Multitasking mit Bedacht

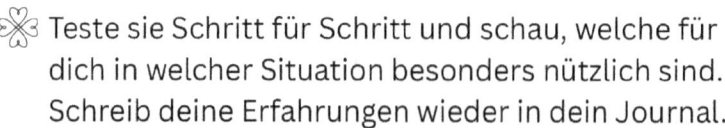 Teste sie Schritt für Schritt und schau, welche für dich in welcher Situation besonders nützlich sind. Schreib deine Erfahrungen wieder in dein Journal.

1. Mini-Task-Methode

Anstatt auf lange Fokuszeiten zu setzen, die mit der Realität des Elternseins schwer in Einklang zu bringen sind, könnte die Mini-Task-Methode eine bessere Lösung für dich sein.
Sie basiert auf kurzen, klaren Aufgaben, die du in 5-10 Minuten erledigen kannst.
Versuche also nicht mehr, deine Aufgaben nebeneinander zu machen, sondern unterteile sie in einzelne Punkte und reihe sie aneinander. So konzentrierst du dich voll und ganz auf eine Sache und kommst schneller zum Ergebnis.

Das ist besonders hilfreich, wenn du nur wenige Minuten Zeit hast. Du fokussierst dich nur auf eine Sache, bevor du dich wieder den Bedürfnissen deines Kindes zuwendest.

 So setzt du sie um
- **Konzentriere dich auf kurze, klar umrissene Aufgaben.**
Statt: „Ich beantworte jetzt meine E-Mails" besser: „Ich beantworte jetzt drei E-Mails".

Lieber nicht: „Ich räume die gesamte Küche auf" sondern besser: „Ich räume nur die Oberflächen in der Küche frei". Das ist viel effizienter.
Auf diese Weise bleibt die Aufgabe handhabbar und du kannst sie normalerweise in weniger als 10 Minuten erledigen.

- **Nutze auch kleine Zeitfenster**
  Finde die Momente, in denen du eine kurze Aufgabe erledigen kannst, weil dein Kind beschäftigt ist.
  Vielleicht sitzt es in seinem Hochstuhl und malt? Dann hast du diesen Augenblick, um die Post durchzusehen.

- **Fokussiere dich auf das Hier und Jetzt**
  Wenn du nur 5 Minuten Zeit hast, dann sei in dieser knappen Spanne 100%ig bei der Sache.
  Übe dich darin! Dieses kleine Zeitfenster hat mehr Wert als eine halbe Stunde voller Ablenkungen.

Ein großer **Vorteil** dieser Methode ist, dass du dich mit jedem abgeschlossenen Mini-Task produktiver fühlst, weil du kleinere, aber greifbare Erfolge erzielst. Dazu ist sie flexibel und passt sich an deinen Alltag an.

2. Energie-Fokus-Block

Bei dieser Methode geht es darum, dass du dich energetisch auf deine Aufgaben konzentrierst.
Jeder Mensch hat zu verschiedenen Tageszeiten unterschiedliche Energieniveaus und Power-Zeiten. Hast du bei dir selbst schon beoachtet, wann du besonders kraftvoll und lebendig bist?
Wenn du du morgens viel Energie hast, nutze diese Zeit, um deine schwierigeren oder anspruchsvolleren Aufgaben zu erledigen, während du die ruhigen oder einfachen Tätigkeiten auf den Nachmittag schiebst, wenn deine Aufmerksamkeit sinkt.
Solltest du eher Nachtigall als Lerche sein, und abends einen Ernergieschub bekommen, drehst du die Einteilung um.

 So setzt du um

- Finde die Tageszeit, bei der du dich frisch fühlst und konzentriere dich dann auf kreative und komplizierte Aufgaben, wie z. B. das Schreiben von Berichten oder das Bearbeiten von Projekten. Beim Mittagstief, wenn die Energie schwächer ist, erledigst du einfachere Aufgaben, kannst E-Mails beantworten und den nächsten Tag vorplanen.

3. Singletasking-Momente

Singletasking ist das Gegenteil von Multitasking. Das bedeutet, wie der Name schon sagt, dass du dich wirklich nur einer einzigen Aufgabe zuwendest. Gerade als Mutter ist es oft schwer, in Ruhe eine Sache zu beenden, denn es gibt vielerlei Ablenkungen und Unterbrechungen. Es lohnt sich jedoch unbedingt, diese Methode zu testen, denn sie ist wirklich effizient. Findest du sie zu leicht? Probiere sie aus. Welche Erfahrungen hast du gemacht?

So setzt du sie um

- Nimm dir nur eine Aufgabe separat vor und führe sie konsequent zu Ende, von Anfang bis Schluss.

- Leg das Handy weg, wenn du mit deinem Kind spielst, und schenke ihm deine volle Aufmerksamkeit.
  Es fühlt es sich gesehen und auch du kannst eure Quality time genießen ohne abgelenkt zu werden.

- Widme dich bei der Wohnungspflege erstmal nur dem Badspiegel und putze die Armaturen später.

- Räume eine Schublade auf – nicht drei gleichzeitig. Mache sie bewusst fertig, bevor du fortfährst.

Tipp
Wenn du eine kleine Zeitspanne für dich hast – zum Beispiel während des Mittagsschlafs deines Kindes – setze einen Timer und konzentriere dich nur auf eine Sache: ein Telefonat, das Abheften von Rechnungen oder ein anderes To-do.

4. Entscheide, was Priorität hat

Statt immer alles sofort erledigen zu wollen, ist es relevant, Prioritäten zu setzen. Überlege dir, was gerade Vorrang hat, und stelle alles andere vorerst zurück. Du kannst nicht alles gleichzeitig schaffen – das ist logisch und okay. Mit dieser Übersicht bekommst du Klarheit über deine Agenda.

So setzt du Prioritäten
1. Schreibe deine To-dos auf eine Liste.
2. Ordne sie nun nach Dringlichkeit und Wichtigkeit.
3. Nummeriere die Reihenfolge.
4. Erkenne, welche Dinge du auf den nächsten Tag verschieben kannst und ob Aufgaben vielleicht sogar überflüssig sind.

Tipp
Nimm dir abends einen Augenblick Zeit, um für den nächsten Tag zu planen. Schaff dir eine klare Struktur, sodass du weißt, was morgen wichtig wird und welche Aufgaben du vertagen kannst.
Durch Überblick und Fokus wächst das gute Gefühl, dass du selbstbestimmt und aktiv dein Leben gestaltest. Und nochwas: Lass dich bitte nicht aus der Bahn werfen, wenn dein so schön geplanter Tag dann ganz anders wird. Das Leben mit Kindern ist farbenfroh und voller überraschender Wendungen.
Nimm kleine Pannen mit Humor!

5. Sag mit reinem Gewissen NEIN

Viele Frauen sagen oft JA, obwohl sie innerlich längst ein NEIN spüren. Sie wollen niemanden enttäuschen, lieben Harmonie und stellen ihre eigenen Bedürfnisse hinten an – im Job, in der Familie, im Alltag. Auch Müttern fällt ein Nein zu ihren Kindern oft schwer. Oft setzen wir aufgrund unserer Sozialisation Zustimmung mit Zuneigung gleich. Wir empfinden ein Nein als Ablehnung, obwohl es eine klare Orientierung schenkt. Der Wunsch nach Einklang ist sehr oft größer als der nach Klarheit.

Doch JA sagen, obwohl du NEIN meinst, kostet Kraft. Es macht müde und bringt dich weg von dir selbst.

Um das Leben mit allen Facetten leben zu können, ist es wichtig und natürlich möglich, das Grenzensetzen zu erlernen. Freundlich, klar und ohne nachträgliche Schuldgefühle.

So gelingt dir das Neinsagen
- **Kenne deine Grenzen**
  Wenn dich jemand um etwas bittet, nimm dir einen Moment bevor du antwortest, spüre in dich hinein und frage dich:
  Habe ich wirklich Zeit und Energie dafür?
  Wenn die ehrliche Antwort negativ ausfällt, dann darfst du das auch so aussprechen.
  Denn - deine Kraft ist wertvoll - schätze sie!

- **Bleibe zugewandt**
  Ein Nein muss weder schroff noch hart klingen. Du kannst es freundlich und wertschätzend formulieren.

- **Finde Sätze, die dir leicht über die Lippen kommen**
  Wähle eine Ausdrucksweise, die dir entspricht.
  - „Ich schaffe das im Moment leider nicht."
  - „Das passt für mich gerade nicht – danke für dein Verständnis."
  - „Ich möchte mir dafür Zeit nehmen – aber jetzt ist es mir zu viel."

- **Rechtfertigungen sind nicht nötig**
  Auf lange Erklärungen oder Ausreden darfst du verzichten - ein klares, ruhiges Nein reicht aus, wenn es sich für dich richtig anfühlt.

- **Biete Alternativen an, wenn du das möchtest**
  Du willst helfen, aber nicht sofort oder in diesem Umfang?
  Passen diese möglichen Antworten?
  - „Heute geht es bei mir nicht – aber nächste Woche könnte ich dich unterstützen."
  - „Ich kann nicht alles übernehmen, aber ich helfe dir gern mit XY."
  - "Momentan bin ich sehr eingespannt, aber lass uns gerne gemeinsam einen geeigneten Zeitpunkt heraussuchen."

- **Übe vor dem Spiegel oder mit einer Freundin**
  Das mag simpel klingen – aber es wirkt und stärkt dein Selbstvertrauen. Das Üben bringt mehr Souveränität und Sicherheit in dein Auftreten und in deine Stimme. Wenn du möchtest, nimm ein Audio auf und höre es dir an.

- **Denk an das, wofür du Ja sagen willst**
  Jedes Nein, das du zu anderen sagst, ist ein Ja zu dir, zu deiner Familie, zu mehr Ruhe und Gesundheit. Es ist ein Schritt zu mehr Selbstliebe und Klarheit, zu deinem Leben mit echten Prioritäten.
  Wenn du diese Gedanken im Hinterkopf hast, fällt dir das freundliche Ablehnen leichter.

Jedes Nein, das du bewusst aussprichst, ist gleichzeitig ein Ja zu dir. Sag Ja zu deinen Einstellungen und zu dem, was dir wichtig ist.

6. Tagesplan und feste Zeiten

Ein klarer Tagesplan ist das Herzstück eines gut strukturierten Alltags. Feste Zeiten helfen dir, deinen Tag geordnet und überschaubar zu gestalten. Sie reduzieren den Stress, der oft entsteht, wenn Unklarheit herrscht, was wann ansteht.

Planbare Zeitfenster für wiederkehrende Tätigkeiten – Mittagessen, Aufräumen, kleine Pausen – machen den Tag leichter, weil Entscheidungen über den nächsten Schritt entfallen und du deinen Alltag bewusster gestalten und somit genießen kannst.

So setzt du um

- Erstelle einen einfachen Tagesplan mit festen Zeitfenstern für verschiedene Aufgaben und Aktionen. Das gibt dir Struktur, die dir hilft, deine Energie effizient einzuteilen.

- Baue nach der gemeinsamen Spielzeit mit den Kindern regelmäßig einen gezielten Arbeitsblock ein, in welchem du dich bewußt einer anderen Sache zuwendest. So kannst du dich besser fokussieren und vermeidest das Gefühl, ständig zwischen Familie und Arbeit hin- und hergerissen zu sein.

Tipp
Wenn du sehr junge Kinder hast, ist es sinnvoll, Zeit für konzentriertes Arbeiten dann einzuplanen, wenn sie schlafen. Nutze diese Fenster ganz gezielt, um deine Aufgaben in Ruhe ohne Ablenkung erledigen zu können. Bleib bei der Sache, diese Aufgaben haben Vorrang.

7. Multitasking mit Bedacht

Nun sind wir doch beim Multitasking angelangt, denn im "echten Leben" kann du es gar nicht vermeiden. Und natürlich gibt es Momente, in denen es durchaus sinnvoll ist, dass du mehrere Dinge zeitgleich tust. Selbstverständlich bist du fähig, beim Staubsaugen Musik zu hören und dich zu unterhalten, wenn du Essen kochst. Wenn du dich dabei jedoch an ein kompliziertes Rezept halten möchtest, wird es schon ein bißchen schwieriger, stimmt´s?

Multitasking gelingt, wenn eine Aufgabe routiniert und somit fast automatisch abläuft und die andere wenig Konzentration braucht. Deshalb schafft es dein Gehirn, dass du beim Backen einen Podcast hören oder beim Filmeschauen leichte Muskelübungen machen kannst.
Aufgaben, die Genauigkeit oder Feingefühl brauchen – etwa Finanzen prüfen oder etwas planen – gelingen dir, wenn du sie einzeln angehst. So fühlst du dich sicherer und zufrieden mit dem Ergebnis.

Stelle dir aus allen Methoden deinen persönlichen Werkzeugkasten für den Alltag zusammen. Sei dabei flexibel.

Zusammenfassung

Multitasking, ein Mythos, ist nicht hirngerecht. Er stresst mehr, als er nutzt. Hier sind einfache Strategien, mit denen du produktiv wirst.

1. Mini-Tasks
Konzentriere dich auf Aufgaben für 5–10 Minuten.

2. Energie nutzen
Erledige Wichtiges dann, wenn dein Energielevel am höchsten ist.

3. Singletasking statt Multitasking
Fokussiere dich nur auf eine Aufgabe und blende Ablenkungen aus.

4. Prioritäten und Routinen
Plane klar, sage bewusst Nein und setze auf feste Tagesstrukturen.

5. Nur Einfaches parallel
Kombiniere nur Routineaufgaben gleichzeitig, alles andere mach nacheinander.

> Kleine Schritte.
> Große Wirkung.
> Lebensfreude.

Das erwartet dich in diesem Kapitel

- Vertrau dir
- Übung - Sei eine Freundin für dich
- Kleine Schritte – Große Veränderung
- Übung - Die 1° Abweichung
- 7 einfache Dinge mit großer Wirkung

Vertrau dir

Nun hast du viele Ideen gesammelt – vielleicht fragst du dich, wie du all das in deinen Alltag bringen sollst? Fang einfach dort an, wo es sich leicht anfühlt. Kleine Schritte bringen oft die größte Veränderung. Erlaube dir auszuprobieren, zu justieren und zu wachsen.
Und - hab Vertrauen in dich, genau so, wie du jetzt bist, mit deinen Stärken und mit deinen Zweifeln. Für eine verlässliche, liebevolle Mutter brauchst du keine Perfektion. Dein Herz, deine Präsenz, dein Lächeln füllen euer Zuhause mit Wärme.

Oft mischt sich in unsere Zuversicht ein innerer Kritiker: Er findet Fehler, vergleicht und hemmt dich damit. Erkenne diese Stimme, nimm sie wahr – und schenke ihr nicht automatisch Gehör. Vielleicht hast du Lust, dieser Stimme einen Namen zu geben? Dann kannst du mit ihr zum Beispiel so reden: "Lotte, danke, dass du auf mich aufpasst, aber ich weiß allein, was für mich richtig ist. Du kannst dich entspannen und mich machen lassen." So oder so ähnlich könnte es klingen.
Du darfst freundlich mit dir sprechen und dich immer wieder neu ermutigen.

Die folgenden vier Impulse helfen dir, deine Maßstäbe an dich wohltuend neu zu setzen.

1. Sei fehlerfreundlich mit dir

In dem täglichen Dasein zwischen Kind(ern), Job, Haushalt, und allem, was noch ansteht, lassen wir uns leicht von der Sehnsucht treiben, immer alles „richtig" machen zu wollen. Dieser Wunsch ist fest in unserer Vorstellung verankert und im Grunde gut. Aber wenn wir ehrlich sind, wissen wir, dass kein Mensch das wirklich leisten kann.
Den Idealzustand als Familie mit Kindern leben zu wollen, ist eine Illusion, die uns viel mehr belastet als nützt. Dieser Anspruch ist so ambitioniert und so hoch, dass wir ihn nie erreichen werden. Er wird uns auch niemals zu der Zufriedenheit führen, die wir uns wünschen, weil immer etwas dazwischen drängt, das unsere heilige Harmonie stört. Vielmehr steuern wir mit dieser Selbsttäuschung geradewegs auf die Erschöpfung zu.

Denn, niemand kann immer zu 100% erfolgreich, zu 100% freundlich, zu 100% kompetent sein. Und es erwartet übrigens auch keiner von dir, dass du in allen Bereichen makellos bist. Außer du selbst vielleicht. Mit anderen Menschen gehen wir nachsichtig und verständnisvoll um, nur bei uns lassen wir oft grausame Strenge walten.

Lass sie los, diese Vorstellung von der allzeit vollkommenen Mutter und geh gelassen und mit großem Vertrauen in dich deinen Weg!
Die folgende Übung hilft dir, wenn du spürst, dass dein innerer Kritiker zu laut wird. Besonders wirksam ist sie in Momenten, in denen du zweifelst, haderst oder dich selbst zu hart beurteilst.

Übung – Sei eine Freundin für dich

1. Stell dir vor, du würdest dich – dein Muttersein, Frausein, dein Leben – mit den Augen einer warmherzigen, gütigen Freundin sehen.

2. Wen würdest du erblicken? Eine Frau, die alles falsch macht oder eine, die ihr Bestes gibt, liebt organisiert – und die nicht perfekt sein muss, um wundervoll zu sein?

3. Werde diese Freundin für dich. Sprich innerlich so mit dir, wie du zu einer lieben Person sprichst.

4. Übe dich in Wohlwollen und Nachsicht. Sei freundlich und empathisch mit dir – besonders dann, wenn es mal drunter und drüber geht.

2. Echt oder perfekt? Wähle selbst!

Kein Tag gleicht dem anderen, jeder Morgen ist neu, voller Chancen und Möglichkeiten. Oft ist er unvorhersehbar, denn das Leben wartet mit eigenen Überraschungen auf. Diese werden, je nach Nervenkostüm, fröhlich von uns willkommen geheißen oder auch erschrocken beäugt.
Manche Tage laufen reibungslos. An anderen passiert genau das Gegenteil von dem, was wir erwarten.

Wollen wir nun verzweifeln oder die Realität begrüßen? Wollen wir nur so tun als würden wir leben oder wollen wir das echte Leben?

In einer Welt, in der wir nicht hermetisch abgeschlossen, sondern mit anderen Menschen zusammen sind, geht es um ein Miteinander, das geprägt ist von Echtheit, Wahrheit und Vertrauen.
Es ist deine liebevolle Präsenz, deine Fürsorge und dein Engagement, was zählt. Dies wird von deinen Kindern, deinem Partner und deinem Umfeld mehr geschätzt als vermeintlich filmreife Momente.
Und das auch, wenn dir ein Missgeschick passiert oder wenn du nicht so ausgeglichen bist, wie du es gerne sein möchtest.

Wenn du müde bist oder wenn es alles anders läuft als geplant – du gibst dein Bestes und bist authentisch. Und das ist viel, sogar sehr viel.
So wie du wirklich bist, ohne Maske und Tarnmantel, wirkst du am stärksten und strahlst am meisten. Es ist nicht das Spotlight, das dich erhellt, sondern deine Warmherzigkeit. Dein Leuchten kommt nicht von außen, sondern von innen!

3. Mit Humor geht alles leichter

Wenn du eine Torte ins Gesicht bekommst, ärgere dich nicht über dein verdorbenes Make-up, sondern freu dich über so viel geschenkten Sahnekuchen! Du kennst solche Szenen und hast es in der Hand, wie du reagierst.
Nun werden wir zwar nicht täglich mit Gebäck beworfen, aber kleine Pannen passieren eigentlich jeden Tag. Etwas fällt herunter, du kommst zu spät, ein Missverständnis sorgt für Verwirrung – das gehört einfach zum Leben dazu und ist völlig normal. Entscheidend ist, wie du damit umgehst.
Du kannst dich ärgern, rot anlaufen und innerlich toben – oder du lachst über dich selbst und nimmst die Sache mit Humor.

Letzteres macht dich nicht nur sympathischer, sondern auch deutlich ruhiger.
Lachen löst die Anspannung, schafft Nähe zu anderen und zeigt, dass du gelassen bist. Und das steckt sogar an! Denn wer mit Leichtigkeit reagiert, erinnert alle daran, dass Perfektion kein Maßstab für unsere Menschlichkeit ist.
Gib dir also selbst die Erlaubnis, nicht immer mustergültig sein zu müssen. Sag dir: „Na gut, das war jetzt vielleicht nicht mein Glanzmoment – aber wenigstens war's unterhaltsam!"
Ein humorvoller Kommentar oder ein spontanes Lächeln verwandeln eine kleine Panne oft in einen Moment, an den man sich sogar gern erinnert.
So wird aus dem, was dich kurz aus dem Takt bringt, eine Einladung, das Leben mit einem Augenzwinkern ein Stückchen unbeschwerter zu nehmen.

Im Familienalltag bringt Humor Leichtigkeit.
So können kleine Missgeschicke zu gemeinsamen Lachmomenten werden. In hektischen Situationen hilft ein Scherz, um die Stimmung zu lockern und die Verbindung zum Kind zu stärken.

Und wie heißt es so schön:
Ein Lächeln ist die kürzeste Verbindung zwischen zwei Menschen.

4. Kennst du YOLO?

YOLO steht für **„You Only Live Once"** – zu deutsch: „Du lebst nur einmal."
Dieser lockere Spruch soll dich motivieren und ermuntern Chancen, die sich dir bieten, beherzt zu ergreifen.

YOLO ermutigt dich, dich nicht von Ängsten oder falschen, zu hohen Erwartungen einschränken zu lassen, sondern einfach über den eigenen Schatten zu springen und loszulegen.

Wenn du etwas entscheiden sollst und es dir schwerfällt, dich auf die eine oder andere Variante festzulegen, dann kommt YOLO ins Spiel. Probiere es aus und du wirst merken, wie viel leichter du vorankommst. Denn oft weißt du im Herzen schon die Antwort und brauchst eine Art Erlaubnis.
Hier ist sie: YOLO.

Du wirst nicht nur dir selbst, sondern auch deiner Familie und deinen Freunden eine große Freude bereiten, wenn du manche Dinge gelassener betrachtest, dir mehr Leichtigkeit erlaubst.
Ihr habt mitten im kalten Winter Appetit auf ein leckeres Eis? Mit YOLO eine klare Sache!

Du musst eine Präsentation halten, von der eine Menge abhängt? Auch hier unterstützt dich YOLO mit der Einstellung: Was soll mir passieren, so schlimm wird's nicht... Und los!

Mache YOLO zu deinem Wahlspruch und spaziere fröhlich deinen Weg! Und falls du bisher zu streng mit dir gewesen sein solltest, schreib dir Post-its und verteile sie in euer Wohnung!

Dir gefällt YOLO? Dann habe ich noch eine schöne Variante, nämlich: "Once in a lifetime".
Vor dir erscheint etwas Tolles, das du nicht verpassen willst, aber eigentlich ist es zu teuer, zu weit, zu hoch, zu spät? Karten für ein super Konzert? Die Hose, die du schon so lange gesucht hast? Du zögerst, wägst ab.

Mit "Once in a lifetime" heißt es mutig sein und einfach mal machen! Nicht immer, nicht jeden Tag, aber ab und zu. Bring Spaß in dein Leben, sei übermütig und erlaube dir was!

Mit YOLO und „Once in a lifetime" - umarme dein Leben, es ist einzigartig!

Zusammenfassung

Dieser Abschnitt ist eine freundliche Einladung, Druck loszulassen, Maßstäbe neu zu setzen und dich selbst mit Güte zu betrachten.

1. Du bist genau richtig, so wie du bist
Deine Fürsorge, deine Liebe, dein Dasein – das macht dich wertvoll.

2. Du darfst Fehler machen
Es ist menschlich, nicht alles perfekt zu schaffen – sei nachsichtig mit dir und behandle dich wie eine gute Freundin.

3. Perfektion ist überbewertet
Nicht der perfekte Ablauf zählt, sondern deine liebevolle Präsenz – sei authentisch.

4. Mit Humor geht´s leichter
Wenn nicht alles klappt wie geplant, nimm es mit Humor. Lachen entspannt.

5. Sag Ja zu mehr Leichtigkeit
YOLO erinnert dich daran, dass du das Leben genießen darfst – nicht alles muss optimiert sein.

Kleine Schritte – Große Veränderung

Wenn du dein Leben mit Kind und Beruf in Balance bringen möchtest, kann es sich zunächst nach einer sehr sehr großen Aufgabe anfühlen. Vieles ist neu und noch nicht ausprobiert.
Du siehst das große Ziel – mehr Gelassenheit, weniger Stress, mehr Zeit für dich. Aber der Weg dorthin erscheint weit und ist mitunter etwas holprig. An manchen Tagen bist du froh und stolz, an anderen zweifelst du vielleicht an deinen Fähigkeiten.
Es gibt aber einen zuverlässigen Weg, um deine Vorhaben zu erreichen:
Lenke deinen Fokus auf das, was du dir wünschst – und auf die Person, die du sein möchtest.

- **Bleib am Ball**
  Viele kleine Schritte führen dich sicher zum Ziel. Stell dir vor, du füllst t röpfchenweise ein Glas mit Wasser – jeder einzelne Tropfen wirkt klein, fast unbedeutend. Ab und zu überprüfst du, ob das Glas noch da ist, und mit der Zeit wird es voll, ganz ohne Eile, nur durch Beständigkeit. Genauso geschieht es mit deinem Vorhaben, dein Leben im Gleichgewicht zu halten: Schritt für Schritt, Stück für Stück.

- **Kleine Abweichung – große Wirkung**
Stell dir vor, du machst einen Ausflug mit dem Fahrrad. Du fährst immer gerade aus, aber ab einem bestimmten Punkt driftest du 1° von der Strecke ab. Du fährst und fährst und irgendwann merkst du, dass du ganz woanders rauskommst, als du dachtest.
Durch diese kleine Abweichung gelangst du in eine andere Richtung, auch wenn der Unterschied am Anfang noch so klein ist. Du fährst also in Oslo los und kommst nicht in Berlin an, sondern in Sargstedt bei Magdeburg. Oder umgekehrt.
Nutze dieses Prinzip, es schont deine Kräfte und bringt dir auf lange Sicht große Erfolge.

Übung – Die 1° Abweichung

Frage dich, wo du hinwillst, was ist dein Ziel?
Mach eine Woche lang auf diesem Gebiet nur 1% bewusst anders und beobachte, was geschieht.
Wenn du das Thema Bewegung wählst, ist es vielleicht die Treppe, die du nimmst anstelle des Lifts. Oder du steigst beim Heimweg eine Haltestelle früher aus dem Bus.
Sei experimentierfreudig und ändere jeden Tag nur eine Kleinigkeit.

Wie geht es dir nach einer Woche?
Und nach einem Monat?
Welche Gebiete fallen dir noch ein? Wie wäre es, mehr Wasser zu trinken oder bewußter zu atmen?

- ***Darum sind kleine Schritte so kraftvoll***
 Unser Gehirn liebt Gewohnheiten, weil große Veränderungen viel Energie erfordern. Doch kleinere Anpassungen lassen sich leicht in den Alltag integrieren und haben die Chance, langfristig zu bestehen. Wissenschaftler nennen das den **„Mikrogewohnheiten-Effekt"**.
 Schon winzige Veränderungen in deinem Tagesablauf können eine enorme Wirkung haben, wenn du sie über einen längeren Zeitraum regelmäßig umsetzt.

🍀 Werde jetzt aktiv! Was gibt es bei dir, das du verändern möchtest? Schreibe es auf und überlege, welches 1% du anders machen könntest. Notiere auch, wann du damit beginnst. Hast du Lust, eine Freundin oder einen Freund einzuweihen?
Macht euch einen Spaß daraus und schicke jeden Tag ein Selfie, wie du deine Veränderung lebst.

7 einfache Dinge mit großer Wirkung

Einige dieser Anregungen tauchten bereits im Buch auf, zur Auffrischung findest du sie hier noch einmal für dich zusammengefasst.
Pick dir eine Sache heraus und setze sie um.

1. Deine Mini-Selbstfürsorge-Routine

Nimm morgens nach dem Aufwachen drei tiefe Atemzüge und wähle einen inspirierenden Tagesspruch, bevor du aus dem Bett steigst.
„Heute gelingt mein Tag" oder „Live is wonderful".
Magst du es, deinen ersten Kaffee/Tee des Tages gemütlich im Bett zu trinken? Mach den Test!

2. Die tägliche 10-Minuten-Ordnung

Anstatt ständig hinter allen herzuräumen, stelle dir einen Timer auf 10 - 15 Minuten und räume in dieser Zeit den Fußboden frei. Großartig ist es, wenn die Kinder auf spielerische Weise mitmachen, mit „Wer sammelt die meisten Sachen ein?" gelingt´s! Das nimmt viel Druck aus dem Alltag.

3. Das Wort des Tages

Führe ein Ritual ein, bei dem jedes Familienmitglied ein „Wort des Tages" nennt, das den gewesenen Tag beschreibt. Hört und staunt! Das stärkt die Kommunikation und euer Miteinander. Es passt meist gut zum Abendessen oder zur Gute-Nacht-Geschichte.

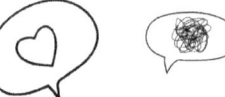

4. Lass bewusst eine Sache weg

Oft sind es nicht die Dinge, die wir tun, sondern die, die wir nicht mehr tun, die uns entlasten. Frage dich: Was könnte ich heute einfach mal weglassen? Vielleicht ist es das Scrollen am Handy, die Exzellenz beim Kochen oder das „Ja" zu einer weiteren Aufgabe, die du eigentlich nicht übernehmen willst? Finde deine Lücke!

5. Eliminiere Energieräuber

Lasse die Kleinigkeiten los, die dich stressen oder die unnötige Energie kosten.
80% sind das neue PERFEKT!

6. Ein Dankbarkeitsmoment am Abend

Jeden Abend einen schönen Moment bewusst wahrzunehmen, verändert deine innere Haltung langfristig zu mehr Dankbarkeit und Gelassenheit. Wie ein Lichtpunkt auf einer Lichterkette: Am Anfang gibt es ein Lämpchen und mit der Zeit entsteht ein ganzes Leuchten.

Nimm dir dein Journal und schreibe den Augenblick auf. Mit der Zeit füllt sich deine Sammlung und du kannst dich immer wieder daran erfreuen. „Heute war schön, dass… ". 365 positive Erinnerungen in einem Jahr, wenn das nichts ist!

7. Dranbleiben lohnt sich!

Wie auf den vorigen Seiten schon erwähnt: es geht nicht darum, dein Leben von heute auf morgen komplett umzukrempeln. Aber bleib dran, sei geduldig mit dir und vertraue darauf, dass jeder noch so kleine Impuls dich näher an das Leben bringt, das du dir wünschst - zu deinem Leben in Balance.

Oft sieht man die eigenen Fortschritte erst rückblickend. Halte auch kleine Erfolge fest und notiere sie, so siehst du, wie viel du schon geschafft hast.

Zusammenfassung

Setze auf kleine Schritte - auch nur eine Mini-Veränderung pro Tag wird mehr Balance in dein Leben bringen.
So wird Wandel möglich.

1. **Morgens bei dir ankommen**
   Drei bewusste Atemzüge und deinen Fokus legen – ist ein guter Start in den Tag.

2. **10-Minuten-Aufräum-Zeit**
   Macht es euch zur Gewohnheit gemeinsam täglich 10 Minuten aufzuräumen. Nutzt einen Timer.

3. **Wort des Tages**
   Ein kurzer Austausch am Abendbrottisch führt zu Verbundenheit.

4. **Weniger ist oft mehr**
   Streich bewußt eine Sache am Tag und genieße die Lücke.

5. Verabschiede Energieräuber
Nicht alles muss zu 100% sein – meist reichen 80 % völlig.

6. Ein Dankbarkeitsmoment abends
Ein schöner Gedanke am Abend verändert deine Sicht nachhaltig.

7. Jeden Tag ein kleiner Schritt
Dranbleiben in kleinen Portionen – das bringt langfristige Veränderung.

II

KIND
Im Vertrauen wachsen.

Im Vertrauen wachsen

In diesem Kapitel steht dein Kind im Mittelpunkt – seine Welt, seine Bedürfnisse und seine lebendige Neugier.

Nachdem du gut für dich gesorgt und deine Balance gestärkt hast, darf dein Blick nun auf das gelenkt werden, was dem Kind Sicherheit, Vertrauen und Geborgenheit schenkt. Mit freundlicher Präsenz und Orientierung bereitest du den Boden, auf dem es sicher, selbstbewusst und frei aufwachsen kann – begleitet von einer großen Portion Humor, Geduld und liebevoller Klarheit.

Ich lade dich ein, aufmerksam wahrzunehmen, was dein Kind braucht, um innerlich zu wachsen und stark zu werden. Es entwickelt Vertrauen in die Welt, wenn es spürt, dass es getragen ist und gleichzeitig erleben darf, dass sie selbst etwas bewirken kann.

Nähe, liebevolles Gehaltenwerden und eine stimmige Mischung aus Bindung und Freiheit – das ist unser Geheimrezept für innere Stärke. Mit diesen Zutaten wird euer Alltag zu einem sicheren Hafen, aus dem dein Kind neugierig und mutig hinaus in die Welt wächst.
Außerdem findest du Impulse zu gesunder Ernährung,

erholsamem Schlaf und Bewegung – all die Bausteine, die Körper und Seele nähren und dein Kind von innen heraus stärken.
Auch das Spielen hat seinen großen Auftritt, denn es bedeutet Lernen mit allen Sinnen. Im Spiel erobern Kinder die Welt. Sie probieren sich aus, schlüpfen in Rollen, erkunden Fähigkeiten und gehen mit ihren kleinen Kameraden auf Entdeckungsreise.
Das Spiel ist eine Brücke zwischen Fantasie und Wirklichkeit. Es eröffnet neue Türen zum Staunen und zu spannenden Erfahrungen.
Ebenso wichtig sind Beziehungen zur Familie, zu Freunden und Menschen, die dazugehören. In diesem Miteinander kann dein Kind, Mitgefühl zu entwickeln. Es lernt Konflikte zu lösen, Verantwortung zu übernehmen und eigene Grenzen auszutesten.

Du bekommst du viele praktische Anregungen, die du in euren Alltag integrieren kannst. Und dazwischen findest du kleine Alltagsgeschichten – es sind Momentaufnahmen, die zeigen, wie Kinder am Leben wachsen, lernen und sich entwickeln.

Am Ende weißt du, wie du deinem Kind Halt gibst, ohne es einzuengen, ihm Freiräume schenkst, ohne es loszulassen, und es begleitest, damit es gestärkt und verbunden, wach, zuversichtlich und heiter in das Abenteuer Leben startet.

1

Sicherheit. Geborgenheit. Wie Kinder Vertrauen entwickeln.

Das erwartet dich in diesem Kapitel

- Wie Kinder Vertrauen entwickeln
- Sei Anker und Stern
- Zeige deinem Kind, dass du verlässlich an seiner Seite bist
- Gib deinem Kind sicheren Halt
- Rituale - so wichtig für Kinder und Eltern

Wie Kinder Vertrauen entwickeln

Wenn dein Baby das Licht der Welt erblickt, ist es wie ein Wunder. Du hältst es in deinen Armen, bist verzaubert und möchtest, dass die Zeit stehen bleibt. Alles ist so neu, so hell und so besonders.

Es ist dein größter Wunsch, dass dieses kleine Wesen ein glückliches und kraftvolles Leben führen kann. Du möchtest ihm dafür optimale und liebevolle Startbedingungen geben.

Dieses zarte Kind soll zu einer starken Persönlichkeit heranwachsen dürfen, das sich auf seiner Erdenreise sicher fühlt und gesund entwickelt.

Mit Beständigkeit, Fürsorge und Nähe kannst du es begleiten und die große Chance nutzen, ihm von Anfang an Geborgenheit zu schenken. Durch Verlässlichkeit gibst du deinem Kind die so wichtige Sicherheit und hilfst ihm, starke Wurzeln zu bilden.

Frühe positive Bindungserfahrungen prägen, wie ein Mensch sich selbst und andere wahrnimmt – sie sind die Basis für emotionale Stärke und fördern die Kompetenz, später selbst tragfähige Beziehungen zu leben.

Sei Anker und Stern

Mit der sicheren und verlässlichen Beziehung am Beginn seines Lebens zu mindestens einer Person wird beim Kind das Fundament für Vertrauen, Selbstwert und innere Kraft geschaffen. In der Regel macht ein Baby diese Erfahrung mit seinen Eltern, aber auch andere enge Betreuungspersonen, wie Großeltern, Geschwister und Vertraute spielen eine wichtige Rolle.

Mit dieser erlebten Konstanz kann es im Laufe seines Lebens folgende Ressourcen entfalten:

1. **Urvertrauen**
   Das Kind lernt, dass es in der Welt sicher ist und dass es Unterstützung erhält.

2. **Gesunde emotionale Entwicklung**
   Dein Kind entwickelt ein gutes Selbstwertgefühl und bekommt die Chance zu lernen, wie man emotional ausgeglichen sein kann.

3. **Soziale Kompetenzen**
   Durch den engen Kontakt zu einer verlässlichen Bezugsperson erfährt es wichtige Werte wie Empathie, Kommunikation und den Umgang mit Anderen.

4. **Resilienz**
   Eine stabile Bindung hilft deinem Kind, auch mit schwierigen Situationen besser umzugehen und gestärkt daraus hervorzugehen.

Diese 4 Fähigkeiten tragen dein Kind durchs Leben. Hilf ihm und sei der klare Stern, an dem es sich immer orientieren kann und bei dem es aufgehoben ist.

Zeige deinem Kind, dass du verlässlich an seiner Seite bist

Durch deine fürsorgliche, beständige Art entsteht für dein Kind die Grundlage für Sicherheit und Vertrauen. Wenn du ihm mit liebevoller Präsenz und echter Nähe begegnest, spürt es Halt und Orientierung.

Eltern wünschen sich oft, alles richtig zu machen – doch Perfektion ist keine Voraussetzung für Stabilität. Dein Kind fühlt sich getragen, wenn du zugewandt und authentisch bleibst. Ehrliche Zuneigung wirkt kraftvoller als jede übertriebene Anstrengung.

Entscheidend ist also nicht, dass ihr als Eltern immer alles fehlerlos macht, sondern dass ihr zuverlässig und freundlich auf euer Kind reagiert. So versteht es die wichtigen Signale eurer Fürsorge.

Mit folgende Punkten stärkst du das Gefühl von Verlässlichkeit. Vermittle sie deinem Kind, lass es spüren und wissen:

- Mama und Papa sind für mich da, wenn ich sie brauche.
- Ich kann darauf vertrauen, dass meine Bedürfnisse gesehen und ernst genommen werden.
- Auch wenn Mama oder Papa mal gestresst und müde sind, bin ich trotzdem geliebt.
- Ich bin genau richtig, wie ich bin.

Nimm dir täglich exklusiv eine kurze Zeit nur für dein Kind. Wende dich ihm zu und schaffe mit einem liebevollen Blick, einer Umarmung oder freundlichen Worten Geborgenheit.

Gib deinem Kind sicheren Halt

Wir leben in einer Welt voller Veränderungen. Die Technik entwickelt sich rasant und was gestern noch neu war, ist heute schon überholt. Da kann das Boot in den Wellen eines Kinderlebens manchmal ganz schön schaukeln und ein junges Wesen verunsichern.
Sei du in dieser Schnelllebigkeit beständig und schenke deinem Kind Zuversicht und Mut. Lass es wissen, dass deine Werte Bestand haben - so kann es dir vertrauen.

Entscheide dich, die Konstante im Leben deines Kindes zu sein und handle danach!

Und so spürt dein Kind, dass du es ernst mit ihm meinst:
- **Zeige deine Zuverlässigkeit und halte Zusagen und Versprechen ein.**
  Hier einige Beispiele:
  Wenn du deinem Kind für morgen ein Eis versprichst, weil es etwas besonders gut gemacht hat, halte dein Versprechen ein, egal ob es draußen stürmt oder schneit.
  Sagst du deinem Kind, dass du ihm abends eine Geschichte erzählen wirst, dann setze es wirklich um, auch wenn du noch so müde bist.
  Sollten sich einmal Pläne ändern, was natürlich vorkommen kann, sage ihm rechtzeitig Bescheid.

Erkläre die Änderung kurz und kindgerecht. Das Wörtchen „weil" wirkt dabei oft Wunder. Rechne aber auch damit, dass das Kind enttäuscht ist.

Die Katzenkekse
Franzi (32) und Jonas (6) haben heute einen gemeinsamen Backnachmittag. Plötzlich klingelt es und eine Freundin, die dringend einen Rat braucht, steht vor der Tür. Franzi ist hin- und hergerissen einerseits möchte sie natürlich unterstützen, andererseits spürt sie Jonas' Enttäuschung. Er hatte sich so auf das Backen gefreut, wollte mit seinen neuen Förmchen kleine Katzen ausstechen und sie verzieren. Franzi setzt sich zu ihm und erklärt einfühlsam: „Du, unsere Freundin braucht gerade meine Hilfe, weil sie traurig ist. Wir machen jetzt trotzdem den Teig fertig und du darfst ein bisschen naschen. Morgen rollen wir ihn aus und du kannst eine große Katzenfamilie machen. Wenn du möchtest, laden wir deinen Freund Enno zum Verkosten ein." Jonas stimmt zu und die Besucherin ist dankbar für ein offenes Ohr.

Franzi reagiert auf das Unvorhergesehene souverän mit einer kurzen Erklärung und macht Jonas einen konkreten, zeitnahen Vorschlag. Sie verschiebt das Backen nicht auf irgendwann, sondern sie bietet ihm eine verlässliche Variante. So ist eine flexible Lösung möglich, ohne dass die gemeinsame Zeit verloren geht.
Jonas lernt, dass seine Wünsche wichtig sind, auch wenn Pläne sich ändern müssen. Er ist alt genug, um das Handeln seiner Mutter zu verstehen.

Es ist bedeutsam, dass dein Verhalten mit deinen Worten übereinstimmt.

- **Gestalte eure gemeinsame Zeit bewusst**
  Wenn die Tage vollgestopft sind mit vielen To-dos, versuche dennoch, eine kurze, aber intensive Zeit mit dem Kind zu verbringen. In diesen wertvollen Minuten könnt ihr ein gemeinsames Lieblingsspiel spielen, rätseln, ein Buch anschauen.
  Sei in dieser Quality-Time präsent und widme dich deinem Kind mit ganzer Aufmerksamkeit.

Rituale – so wichtig für Kinder und Eltern

Rituale geben deinem Kind Halt.
Bekannte und wiederkehrende Abläufe helfen ihm, sich in eurer Familienwelt zurechtzufinden und erleichtern Übergänge im Alltag. Sie leiten wie kleine Wegweiser durch den Tag und bringen Klarheit - hier geht es lang. Stress wird durch Rituale deutlich reduziert, das fördert die emotionale Stabilität des Kindes.
Mit einer guten Struktur und gesunder Eindeutigkeit bietest du Orientierung. Auch musst du feststehende Dinge nicht jedes Mal neu verhandeln. Mit einem „Das machen wir doch immer so" schonst du deine Nerven und erspart euch unnütze Diskussionen.
Dein Kind wird sich innerhalb deiner gesetzten Strukturen wie in einem sicheren Garten bewegen, darf spielen, aufblühen und wird gleichzeitig geschützt.

❦ Nimm dir etwas Zeit und überlege, welche Rituale ihr in deiner Familie in der Kindheit hattet. Wie war der Tag strukturiert, wann bist du aufgestanden, wann ins Bett gegangen? Wie habt ihr Abende und die Wochenenden verbracht? Gab es ein Ritual, das dir besonders wichtig war und warum?
Schreib es in dein Journal, trage ein, was dir einfällt.

Hier findeste du Inpirationen für Rituale. Sie sind leicht umzusetzen sind und lassen beim Kind ein Zuhause-Gefühl entstehen. Sie ziehen sich wie ein roter Faden durch die Jahre und leben von der Wiederholung.

Morgenritual
- Singe oder summe nach dem Aufstehen ein kleines Lied auf dem Weg ins Bad. Das Wachwerden wird durch diese gute Energie unterstützt und bringt euch Fröhlichkeit.
- Finde für euch einen schönen Morgenspruch: „Guten Morgen, mein Liebes, ich wünsche uns einen wunderschönen Tag!".

Abendritual
- Halte dich abends an eine feste Reihenfolge. Diese kann etwas länger dauern oder auch knapper ausfallen, wenn es schon spät ist.
- So könnte das Abendritual aussehen: Baden → Schlafanzug anziehen → Zähne putzen → Teddy holen → Buch vorlesen → Abendlied singen → Licht dimmen → Gute - Nacht
- Ein wiederkehrender Spruch, wie „Schließ die müden Augen und schlaf nun schön bis morgen früh." machen deutlich, dass nun Schlafenszeit ist.

Ich empfehle dir, dann aus dem Zimmer zu gehen und die Tür einen Spalt offen zu lassen. Dein Kind hört die vertrauten Geräusche, wie das Geschirrklappern beim Aufräumen in der Küche, leise Gespräche o.ä.
Meist fällt es ihm so leichter, zur Ruhe zu kommen.

Wenn ihr ein festes Abendritual habt, wird es einfacher, wenn es von der Oma oder einer Freundin ins Bett gebracht wird. Schreibe eine kleine Liste und gib diesen gewohnten „Fahrplan" weiter. Dein Kind erkennt die vertrauten Abläufe sofort wieder – und der Babysitter hat eine gute Orientierung, um den Abend ruhig und entspannt zu gestalten.

Manchen Kindern fällt auch mit den liebevollsten Routinen der Übergang zur Nacht schwer. Sie brauchen Zeit, um zur Ruhe zu kommen und sich zu entspannen. Sie möchten, dass Mama am Bettchen sitzt, die Hand wärmt, den Kopf streichelt, noch 3 Lieder singt, 2 Geschichten erzählt, etwas zu trinken holt.

Steh dem Kind gerne auf diese Art bei, wenn es krank ist. Als tägliche Routine aber halte ich die beschriebene Vorgehensweise für unpraktisch, denn sie kann unberechenbar viel Zeit in Anspruch nehmen. Es ist genau diese abendliche Zeit, die du zum Auftanken und Ausspannen brauchst.

Überlege dir deshalb genau, ob du jeden Abend wartend im Kinderzimmer verharren möchtest, bis dein Kind schläft, um dann geräuschlos davon zu schleichen oder ob es eine Ausnahme sein darf. Bei mehreren Kindern wird es dann nämlich richtig schwierig.

Dein Kind kann lernen, allein einzuschlafen. Versichere ihm, dass du nach einer kurzen Weile noch einmal nach ihm schaust. Sei dabei verlässlich und tue es.
Sage ihm auch, dass du da bist, dass du es lieb hast und dass du immer wieder zu ihm kommst. Es könnte nötig sein, dass du diese Sätze jeden Abend 20 mal wiederholst. Wenn es dich ein bisschen nervt, nimm es mit Humor und freu dich über den Erfolg, wenn dein Kind irgendwann mit diesem Satz antwortet:
"Ich weiß Mama, und jetzt möchte ich bitte schlafen."

Nicht jeder Abend ist gleich. Dann und wann braucht auch der beste Schläfer mehr Zeit, um zur Ruhe zu kommen. Als Einschlafhilfe kann es wohltuend für ein Kind sein, das Nachthemd der Mutter mit ins Bettchen zu nehmen. Es liebt den vertrauten Geruch.

Das folgende Beispiel zeigt dir, wie ihr mit dem Abendritual auch nach einem aufregenden Tag ruhig werdet.

Nach einem Tag im Zoo
Anna (36) kommt mit ihrem Sohn Luca (6) von einem schönen und bunten Tag im Zoo nach Hause. Es ist spät geworden und Luca ist aufgedreht. Er hat so viel gesehen, sein Kopf ist voller Bilder und Eindrücke. Anna ist erschöpft und sehnt sich nach Entspannung.

Szenario 1 - Sie essen zusammen Abendbrot, danach putzt Luca die Zähne und geht sofort ins Bett. Dort liegt er und kann keine Ruhe finden. Er möchte etwas trinken, ruft nach seiner Mama, kommt immer wieder ins Wohnzimmer und fängt an zu weinen. Anna ist am Rande ihrer Kräfte und schimpft. Beide sind unglücklich, dass dieser besondere Tag im Ärger endet. Nach 2 Stunden schäft der Sohn endlich ein.

Szenario 2 - Anna macht das Abendessen warm, das sie in kluger Voraussicht schon am Morgen bereit gestellt hat. Nebenbei lässt sie Wasser in die Badewanne ein, denn sie weiß, dass sich Luca in der Wärme gut entspannen kann. Auch entscheidet sie sich, das Abendritual nicht ausfallen zu lassen, obwohl sie gern abschalten würde. Beide erzählen sich ihren Lieblingsmoment, singen ein Lied und nehmen sich in den Arm. Luca geht ins Bett und darf seinem Kuscheltier berichten, was er heute alles erlebt hat. Als Anna nach ihm schaut, träumt er schon.

Übergangsrituale

Diese unterstützen den Wechsel von einer Aktivität zur nächsten und signalisieren dem Kind: Alles ist in Ordnung.Sie schaffen Ruhe und helfen beim Ankommen in einer neuen Situation, auf die sich das Kind besser einlassen kann.

Überlege dir, wann ein Ritual für euch passen könnte. Hier sind einige Anregungen:

- Beim Abholen aus der Kita ein liebes Begrüßungwort: „Ich freu mich, dich zu sehen. Jetzt sind wir wieder zusammen." strahlt Wärme aus

- Legt beim Heimkommen die Sachen mit einem lustigen Spruch an den richtigen Ort - „Tschüss, ihr Schuhe! Ab ins Regal!" oder "Bis morgen, Jacke, du kommst an den Haken." Wählt eure eigenen Worte!

- Für das Aufräumen nach der Spielzeit ist ein Satz schön, den ihr wiederholt, wenn´s ans Einsammeln geht. Wie wäre es mit: „Alle unsre Sachen dürfen Pause machen." Was fällt dir Kreatives ein?

- Kleine Gesten für bestimmte Situationen, wie ein Zwinkern oder ein Fingerkreuzen, sind wie ein Geheimgruß und stärken eure Verbundenheit.

Essensrituale

Rituale beim Essen gibt es seit Jahrtausenden in allen Kulturen. Sie haben soziale und kulturelle Funktionen. Auch heute können und dürfen gemeinsame Mahlzeiten mehr sein als nur „Sattmacher". Sind sie doch wertvolle Momente der Verbindung - wer teilt, stärkt das Wir. Rituale am gemeinsamen Familientisch unterstützen Achtsamkeit und eine positive Einstellung zum Essen. Hier meine Empfehlungen:

- Beginnt gemeinsam: „Wir fangen an, wenn alle sitzen." Das zeigt, dass ihr alle gleich wichtig seid.

- Sprecht am Anfang einen kleinen Spruch, ein „Guten Appetit" oder „Lasst es euch schmecken."

- Eine schöne Möglichkeit ist es, vor dem Essen gemeinsam ein kurzes Lied zu singen und eine Kerze anzuzünden.

- Findet ein Dankbarkeitsritual: „Wofür bist du heute dankbar?" oder „Was schmeckt dir?"

Wenn ihr zusammen esst, entwickeln sich oft gute und wichtige Gespräche. Freu dich darüber und nutze diese unkomplizierte Möglichkeit.

Verabschiedungsrituale

Wiederkehrende Worte oder Gesten machen Abschiede leichter. Sie helfen, loszulassen und sich gleichzeitig verbunden zu wissen.

- Habt beim Bringen in die Kita ein festes Ritual wie „Drei Küsse, dann winken".
- Bei der Mittagsruhe hilft eine kleine Handmassage.
- Wenn dein Kind mit dem Babysitter auf den Spielplatz geht, kannst du ihm etwas Lustiges ins Ohr flüstern, das ist euer „Geheimnis".
- Vor Trennungen im Alltag: Ein gemeinsames Symbol wie Daumen drücken oder ein kleiner Zauberspruch, den ihr jedes Mal wiederholt, stärkt euch.
- Auch ein Zählen hilft, wie "Eins, zwei, drei und vier, du gehst und ich bleib hier." Dabei könnt ihr mit den Fingern mitzeigen. Das gefällt Kindern!
- Ein kleiner Glücksstein, ein Stofftier oder eine Muschel sind schöne Gesten und geben etwas Vertrautes mit auf den Weg. „Damit weißt du, dass ich an dich denke."

Zusammenfassung

Kinder entwickeln Vertrauen, eine gesunde Emotionalität, soziale Kompetenzen und Resilienz durch sichere Bindungserfahrungen.

- Diese erleben sie durch deine Verlässlichkeit, Nähe und ein liebevolles und wertschätzendes Miteinander.

- Darum halte Zusagen und Versprechen ein.

- Ungeteilte kurze Aufmerksamkeit kann tiefe Verbundenheit schaffen. Dein Kind fühlt sich wertgeschätzt, erlebt Geborgenheit und wird auf dem Weg in seine Selbstständigkeit gestärkt.

- Gewohnheiten, Wiederholungen und Rituale geben einem Kind Orientierung. Es versteht durch sie besser, wie die Welt um sie herum funktioniert.

- Rituale erleichtern Übergänge in einer oft trubeligen Welt.

- Rituale schaffen Momente der Verbundenheit, in denen sich dein Kind gesehen, gehört und gehalten fühlt.

- Ein Abschiedsgruß beim Bringen in die Kita, eine feste Einschlafreihenfolge oder gemeinsame Essenszeiten geben Struktur und Halt im Alltag.

- Wiederkehrende Abläufe entlasten euch als Eltern und stärken das emotionale Sicherheitsgefühl eures Kindes.

- Rituale dürfen ganz unterschiedlich aussehen. Jede Familie entwickelt ihre eigenen, auch humorvollen Gewohnheiten, die genau zu ihr passen und die sie einzigartig macht.

- Gestalte sie so, dass sie zum Entwicklungsstand deines Kindes passen.

> Liebe.
> Zuwendung.
> Wurzeln, die tragen.

Das erwartet dich in diesem Kapitel

- Das Beste, was du geben kannst
- Körperliche Nähe - Ein Grundbedürfnis, das Geborgenheit schafft
- Schenke emotionale Nähe - Bleib in der Liebe, egal was passiert
- Positive Aufmerksamkeit - Dein Kind möchte gesehen werden
- Wertschätzend sprechen - Wie Worte dein Kind prägen

Das Beste, was du geben kannst

Liebe ist das Fundament jeder gesunden Eltern-Kind-Beziehung. Dein Kind braucht neben Schutz und Versorgung vor allem deine warmherzige Zuwendung.
Kinder, die regelmäßig positive Aufmerksamkeit und Nähe erfahren, entwickeln emotionale Stabilität und ein starkes Selbstwertgefühl. Sie lernen, dass sie wertvoll sind – einfach so, ohne etwas dafür leisten zu müssen.
Kinder, die sich geliebt und angenommen fühlen, können:

- sich selbst mit all ihren Stärken und Schwächen akzeptieren

- Vertrauen in andere Menschen aufbauen

- Gefühle besser regulieren und mit Herausforderungen leichter umgehen

- sich sicher und geborgen fühlen – auch in stressigen oder schwierigen Zeiten

Liebe lässt sich auf viele verschiedene Weisen zeigen – natürlich durch Worte, aber auch durch kleine Gesten, gemeinsame Zeit und - ganz wichtig - durch Empathie. In den nächsten Abschnitten schauen wir uns an, wie du diese Formen der Liebe leben kannst.

Körperliche Nähe
Ein Grundbedürfnis, das Geborgenheit schafft

Schon als Baby erfährt ein Kind Liebe am intensivsten über Berührung - es wird getragen und gehalten. Es spürt den sanften Hautkontakt.
Auch wenn es älter wird, bleiben körperliche Nähe und Berührung ein wichtiger Weg, um Geborgenheit zu fühlen und zu geben.
Im Alltag kannst du deinem Kind immer wieder kleine Portionen davon schenken - eine kurze Umarmung zur Begrüßung, ein sanftes Streicheln über den Kopf, eine Kuscheleinheit vor dem Einschlafen oder einfach ein liebevoller Blick zwischendurch.
Nähe darf auch lebendig und verspielt sein.

Manche Kinder lieben sehr es zu raufen oder huckepack getragen zu werden. Schaut, was euch gefällt, denn nicht jedes Kind ist gleich. Viele Kinder mögen Umarmungen und lieben körperlichen Kontakt. Einige sind zurückhaltender und zeigen ihre Zuneigung lieber über kleine Gesten, etwas leiser und vorsichtiger.

Achte darauf, was dein Kind braucht und wie es deine Zuneigung gerne annimmt. Beobachte es oder frage auch gezielt nach, was ihm gefällt.
Und natürlich sind auch wir Eltern unterschiedlich. Deshalb - probiert gemeinsam aus, was euch guttut.

Schenke emotionale Nähe
Bleib in der Liebe, egal was passiert

Liebe sollte immer frei gegeben werden und niemals an Bedingungen geknüpft sein oder gar verdient werden müssen.
Lass dein Kind wissen: „Du wirst immer geliebt – unabhängig davon, ob du heute ‚brav' warst oder nicht."
Das bedeutet natürlich keinesfalls, dass du sein Verhalten ausnahmslos gutheißt oder dass du alles durchgehen lässt. Aber dein Kind sollte immer spüren: Meine Mama und mein Papa lieben mich – auch wenn mir etwas misslingt. Diese Gewissheit schenkt ihm inneren Halt - für heute und für sein ganzes Leben.

Emotionale Sicherheit ist eines der ganz großen Geschenke, das du deinem Kind machen kannst.

Sie entsteht nicht auf einmal, sondern in vielen kleinen Momenten – durch dein Zuhören, dein Verständnis und deine liebevolle Gegenwart.

Auf den nächsten Seiten erfährst du, wie du nun im Alltag genau diese Sicherheit stärkst – mit einfachen, aber wirkungsvollen Gesten und Haltungen.

Mit den nachfolgenden Punkten lenkst du euer Familienleben warmherzig und souverän.

Sei empathisch und offen

- Wenn dein Kind traurig oder wütend ist, sei präsent, ohne sofort „reparieren" zu wollen.
  Oft wirkt elterliche Ruhe entspannend.

- Sei du diejenige, die nach einem Streit die Verbindung wieder herstellt. Du als Erfahrene kannst leichter über deinen Schatten springen.
  Sätze wie: „Wir waren vorhin beide genervt, und jetzt lass uns wieder vertragen." helfen euch dabei.

- Nimm dein Kind ernst – auch wenn sein Problem für dich klein erscheinen mag.

- Setze klare, liebevolle Grenzen. „Ich verstehe, dass du wütend bist, aber hauen ist nicht okay."

- Bleib zugewandt und offen für Dinge außerhalb deines bisherigen Erfahrungsschatzes. Auch dann, wenn du gerade nicht weißt, wo das Problem liegt.

Sei emotional erreichbar

- Nimm die Gefühle deines Kindes ernst.
  „Ich sehe, dass du traurig bist. Möchtest du darüber sprechen?"

- Spende Trost und biete Nähe an, in dem Moment, in dem dein Kind dies braucht, nicht erst später. „Möchtest du, dass ich dich in den Arm nehme und einfach für dich da bin?"

Löst Konflikte freundschaftlich
- Ich weiß, dass es nervige Situationen gibt, in denen man auch mal die Geduld verliert. Atme durch, begib dich zurück auf die Erwachsenenebene und begegne deinem Kind mit Bewusstheit.

- Steuere den Konflikt mit Klarheit und Überblick.

- Du als erfahrende Person solltest in brenzlichen Situationen die Nerven wahren und emotionale Stabilität ausstrahlen, auch wenn dir dabei die Haare zu Berge stehen.

Das Auto
Lina (6) und Tom (4) streiten sich um ein Auto. Lina ist wütend und Tom weint. Anne (33) sagt ruhig: „Lina, bitte hilf mir kurz in der Küche." Während sie beschäftigt ist, beruhigt Anne ihren Sohn. Das Auto wird zur Seite geräumt und langsam hellt sich die Stimmung wieder auf. Beim Abendssen sprechen sie noch über den Streit, wie es dazu kam und was morgen besser laufen kann.

In schwierigen Momenten ruhig zu bleiben und Lösungen zu finden, fällt dir mit den folgenden Anregungen leichter.

- Bleibe in dem Wissen, dass du in der Lage bist, Verantwortung zu tragen. Du hast einen großen Vorsprung an Erfahrungen, der deinem Kind noch fehlt.
- Lenke den Konflikt souverän aus der Meta-Ebende und bleibe in der Auseinandersetzung konstruktiv.
- Bleibe möglichst ruhig und verlässlich, auch wenn das Kind schimpft oder frustriert ist. Cool down.
- Wenn dein Kind wütend ist, hift es dir vielleicht, dir vorzustellen, es wäre kleiner aufgebrachter Zwerg. Er kann gerade nichts anderes, als zu stampfen und zu toben - Rumpelstilzchen eben.
- Versuche es mit Humor -„Ah, jetzt hat sie/er gerade seine 5 Minuten." Damit hältst du inneren Abstand und betrachtest das Problem von außen.
- Nutze eine feste Stimme und eine gute Körperhaltung, um deine Souveränität zu zeigen. Du sendest damit eindeutige Signale stabiler Präsenz.

Entschuldigt euch
- Entschuldigt euch und vertragt euch wieder. Das ist ein bewusster Akt, bei dem das Kind von dir lernt, wie es nach Konflikten gut weitergeht. Der Satz „Es tut mir leid." gehört in jeden Wortschatz und hilft beiden Seiten.
Signalisiere nach einem Streit: „Wir gehören zusammen, selbst wenn wir unterschiedlicher Meinung sind und uns mal streiten."

- Auch du als Mutter darfst zeigen und sagen, wenn du verletzt wurdest. Such das Gespräch nachdem Wut oder Traurigkeit verraucht sind, und erkläre deinem Kind, was dich schmerzt.
Kinder werfen manchmal mit wüsten und verletzenden Schimpfwörtern um sich. Mach ihm klar, dass dies kein fairer Weg ist, mit anderen umzugehen. Ein Kind sollte früh lernen, dass es wichtig ist, sich zu entschuldigen, wenn man einen Fehler gemacht hat, auch wenn es schwerfällt.
Doch gerade diese wertvolle Lektion soltest du ihm unbedingt mit auf seinen Lebensweg geben.

Positive Aufmerksamkeit
Dein Kind möchte gesehen werden

Aufmerksamkeit können wir mit dem Licht der Sonne vergleichen: Sie wärmt dein Kind von innen und lässt es gedeihen. Kinder haben sehr feine Antennen, sie spüren genau, ob du wirklich präsent bei ihnen bist oder ob sie „nur nebenbei laufen".

Und ja – im stressigen Alltag ist es nicht immer leicht, sich wirklich bewusst Zeit für ein Kind zu nehmen. Zu viel ist oft zu tun, zu besorgen, zu erledigen.
Wenn du dich ihm widmest, kommt es auf die Qualität der Zeit an, und nicht unbedingt auf die Dauer.

Dein Kind fühlt sich gesehen, wenn du dich ihm ablenkungsfrei zuwendest. Probiere es aus!

So schenkst du echte Aufmerksamkeit

- Schau ihm in die Augen, wenn es mit dir spricht – du signalisierst damit: „Ich höre dir wirklich zu."

- Finde heraus, wie es sich anfühlt, wenn du dich auf die Körpergröße deines Kindes einstellst. Kannst du dich hinknien oder hinsetzen, um auf Augenhöhe zu sein?

- Plane täglich eine kleine exklusive Zeit mit deinem Kind ein, in der nur ihr beide im Mittelpunkt steht.

- Sei im Moment! Wenn ihr spielt, dann spielt. Wenn ihr redet, redet.

- Zeige mit kleinen Gesten, dass dir dein Kind wichtig ist: eine Notiz an der Pinnwand, eine spontane Einladung zu einem „Mama-Kind-Abenteuer", ein freundliches Lächeln.

Momente der Gemeinsamkeite bleiben im Gedächtnis und unterstreichen immer wieder: du bist geliebt und wertvoll.

Bleibt positive Aufmerksamkeit aus, nimmt ein Kind oft sogar negative Reaktionen in Kauf – schlicht, um nicht übersehen zu werden. Aber du hast es in der Hand: *Schenke ihm durch gezielte Zuwendung Sicherheit.*

Nach der Kita
Tina (35) hastet direkt von der Arbeit in die Kita. Ihr Kopf ist voller To-dos, das Handy klingelt, sie ist spät dran. Leon (6) wartet bereits und ist schlecht gelaunt. Beim kurzen Einkauf will Leon unbedingt eine Tüte Bonbons und beginnt zu weinen, weil er sie nicht bekommt. Tina ist genervt. Gereizt gehen sie nach Hause.

Kaum in der Wohnung angekommen, schleudert Leon seine Schuhe in die Ecke und tritt wütend gegen einen Stuhl, der zu Boden fällt.
Wie geht die Szene weiter?

Szenario 1
Tina ist vom Tag erschöpft, sie schimpft: „Jetzt reicht's mir aber!" - die Situation eskaliert als Leon zu schreien beginnt. Beide fühlen sich unverstanden und ziehen sich voneinander zurück. Der Abend wird anstrengend.

Szenario 2
Tina atmet tief durch, legt Tasche und Handy weg. Sie geht auf Augenhöhe zu Leon: „Ich sehe, dass du wütend bist, ist das so?" Leon schaut sie verlegen an, dann erzählt er stockend vom Streit mit seinem Freund im Kindergarten. Durch das Zuhören entspannt er sich, lehnt sich bei seiner Mutter an. Tina nimmt ihn in den Arm und macht für beide einen Kakao. Danach findet Leon Ruhe beim Spielen und sie kann sich einen Moment ausruhen.

Tina hat in der 2.Situation erkannt, dass Leon innerlich aufgewühlt war, dies aber nicht in Worte fassen konnte. Ihre Aufmerksamkeit und Zuwendung hat beide entspannt. Der Tag ging friedlicher weiter.

Wertschätzend sprechen
Wie Worte dein Kind prägen

Worte haben Macht. Sie können ein Kind stärken, Mut machen und Selbstvertrauen schenken – oder es verunsichern und klein fühlen lassen. Das ist nichts Neues und ich bin mir sicher, dass du diese Erkenntnis sehr beherzigst und ernst nimmst.
Und doch rutschen uns in angespannten Momenten zuweilen Sätze heraus, die verletzend wirken können, zum Beispiel „Andere Kinder können das doch auch!", „Du stellst dich immer so an!" oder „Du bist aber wirklich anstrengend.". Sie sind schnell gesagt, wirken aber lange nach. Deshalb vermeide diese Formulierungen möglichst - und falls du in der Wortwahl doch einmal daneben gegriffen hast, entschuldige dich. Dasselbe kannst du übrigens auch von deinem Kind erwarten.

Wertschätzende Kommunikation ist einer der größten Schlüssel für eine starke und vertrauenvolle Eltern-Kind-Bindung.

 Erinnere dich, wie in deiner Herkunfstfamilie miteinander gesprochen wurde. War es eine aufbauende und unterstützende Sprache? Wie sprichst du mit deinem Kind heute? Ähnlich oder anders?

So kannst du Wertschätzung ausdrücken

- Lobe und bestärke.

- Ein kleines Lob kann viel bewirken und dein Kind motivieren. Mit einem „Das hast du gut gemacht" weiß es, dass die Richtung stimmt.

- „Ich sehe, dass du dir große Mühe gegeben hast, das freut mich sehr"
Beschreibe, was du siehst oder bemerkst und zeige deine Anerkennung. Das ist wirkungsvoller für das Kind, als ein inflationäres „Du bist super!".

Trenne Fehlverhalten klar von der Person

- Wenn du das Verhalten deines Kindes von seiner Person trennst, vermittelst du ihm eine wichtige Botschaft: Du wirst geliebt – auch wenn dein Auftreten gerade nicht in Ordnung war.
Sag deutlich, worum es geht, ohne die Person abzuwerten:
„Wie du dich eben verhalten hast, war nicht fair, wir sprechen gleich darüber. Das ändert nichts daran, dass ich dich mag."

- Kinder beziehen Kritik sehr schnell auf sich als Person. Hier bist du als Erwachsene gefragt, die weise ihre Worte wählt.
- Kinder müssen immer wieder die Erfahrung machen dürfen, dass sie auch geliebt werden, wenn sie einen Fehler begehen.
- Wenn du klar sagst: „Ich bin ärgerlich, weil... trotzdem mag ich dich" bringst du das Vertrauen deines Kindes nicht ins Wanken. So lernt es: Es darf mal einen Ausrutscher geben, dennoch bin ich angenommen und gehöre dazu. In stressigen Situationen kannst du das „Ich mag dich" auchnachreichen.

Höre zu, ohne zu urteilen

- Wenn dein Kind von einem Problem erzählt, warte ab, halte dich zurück und schlage nicht sofort eine Lösung vor. Veruche zuerst zu verstehen, was es fühlt.
- Bitte verkneife dir Sätze wie „Das hab ich dir ja gleich gesagt, dass es nichts wird." oder „Ich wusste schon vorher, dass es nicht gelingt."
Bei diesen Floskeln fühlt sich das Kind unterlegen. Sie werten es ab und helfen ihm nicht weiter.

- Kinder nehmen unsere Worte sehr ernst und sich viel mehr zu Herzen, als wir oft denken. Sie behalten sie lange im Gedächtnis. Wähle sie mit Bedacht!

- Vermittle deinem Kind, dass es geliebt, geschätzt und gehört wird, selbst wenn es Schwierigkeiten hat. Immer wieder! So unterstützt du es dabei, ein gesundes und realistisches Bild von sich selbst aufzubauen.

Feiert kleine Erfolge

- Zeige deinem Kind, wenn du dich freust und dass du stolz bist. Die Freude wird sich in seinen Augen widerspiegeln und zu dir zurückkommen. „Wow, du hast dir heute selbst die Schuhe gebunden! Das ist großartig!" oder „Ich freue mich über dich, weil …."

- Nimm die Fortschritte deines Kindes wahr und wertschätze sie. „Heute hast du zum ersten Mal deine Brotdose selbst gepackt." oder „Am Morgen hast du dich ganz allein angezogen."
Solche Sätze zeigen deinem Kind: Ich sehe dich und ich freue mich mit dir.
Diese Anerkennung gibt ihm Mut, weiter Neues auszuprobieren und zu wachsen.

Zusammenfassung

- **Körperliche Nähe**
Zeige deinem Kind mit Berührungen und Umarmungen, dass du es liebst. Kleine Gesten verbinden euch und stärken das Urvertrauen.

- **Emotionale Erreichbarkeit**
Vermittle deinem Kind, dass es immer geliebt wird – egal was passiert. Gerade in herausfordernden Momenten braucht es das sichere Gefühl, dass es auch in Ordnung ist, wenn es mal traurig, wütend oder enttäuscht ist.

- **Positive Aufmerksamkeit**
Sei präsent, höre aktiv zu und schaue deinem Kind in die Augen. So erlebt es: Ich bin wichtig, meine Gedanken und Gefühle zählen.

- **Wertschätzende Kommunikation**
Deine Worte prägen das Selbstbild deines Kindes. Lobe und bestärke es. Nutze eine positive Sprache und lege dein Augenmerk darauf, dass deine Worte das Kind aufbauen.

> Freiheit.
> Orientierung.
> Halt geben und
> Raum schenken.

Das erwartet dich in diesem Kapitel

- Freiraum und Struktur - das perfekte Duo
- Orientierung in der Kinderwelt
- Freiheit geben - wie dein Kind sich entfalten kann
- Mit Grenzen Sicherheit schaffen
- Balance finden - mit dem Rahmenmodell

Freiraum und Struktur – das perfekte Duo

Viele Mütter kennen es und zwar jeden Tag: Die Balance zwischen Freiheit und Führung zu finden, ist eine der größten Herausforderungen in der Erziehung unserer Spösslinge. Soll das Kind allein entscheiden dürfen – oder braucht es jetzt gerade eine klare Orientierung?
Im Alltag mit Kindern jeder Altersstufe (ausgenommen sind natürlich Babies) tauchen solche Fragen ständig auf und können sehr kräftezehrend sein. Auch werden Grenzen immer wieder neu ausgetestet, oft über Jahre, und das strengt an.
Und doch lohnt es die Mühe, sich mit diesem Thema intensiv auseinanderzusetzen, weil du die Früchte in Form von mehr Leichtigkeit, Verständnis und gegenseitigem Respekt in der Familie ernten wirst.

Kinder brauchen beides in Ausgewogenheit – Freiheit, für eine Entfaltung der Anlagen ihrer Persönlichkeit und klare Grenzen, um sich sicher zu fühlen. Zusammen bilden sie die Grundlage für eine gesunde geistige und seelische Entwicklung.

Zu viele Regeln und Einschränkungen können Kinder in ihrer Entdeckerfreude hemmen. Zu wenig Orientierung führt jedoch dazu, dass sie überfordert sind und unsicher werden .

Unsere Aufgabe ist es, den Mittelweg zwischen zu viel Kontrolle und zu wenig Struktur zu gehen. So stellen wir für unser Kind ein Gleichgewicht von Freiraum und Gehaltensein her.
Das gelingt uns mal besser und mal schlechter und gehört auch zu unserem Wachstumsprozess dazu.
Vielleicht kennst du folgende Situationen selbst?

- Dein Kind tobt wild herum und hört nicht auf deine Ermahnungen. Du bist unsicher, wie du reagieren sollst. Streng oder eher nachgiebig?

- Dein Kind möchte alles allein bestimmen und wird dann plötzlich nögelig oder wütend.

- Du möchtest ihm Freiheiten lassen, aber es fällt dir schwer, Grenzen zu setzen und konsequent zu bleiben.

- Manchmal fragst du dich, wo eigentlich die Grenze zwischen freiheitlicher Erziehung und klarer Führung ist.

Mit all diesen Fragen bist du nicht allein - und natürlich sind die Übergänge zwischen Freiheit gewähren und Orientierung geben fließend und individuell.

Auf den nächsten Seiten kannst du Antworten finden. Lass uns nun einige grundlegende Prinzipien betrachten.

Orientierung in der Kinderwelt

Die Entwicklungspsychologie zeigt, dass Kinder durch klare Regeln und verlässliche Strukturen Sicherheit gewinnen. Zugleich brauchen sie Freiräume, um sich zu eigenständigen Persönlichkeiten, die neugierig ihre Welt entdecken, zu entwickeln. Diese Balance zu gestalten, liegt in unserer Verantwortung - jeden Tag aufs Neue.

Der bekannte Psychologe Jesper Juul beschreibt es so: *„Kinder brauchen Führung – aber keine autoritäre Kontrolle. Sie brauchen Freiheit – aber keine Verantwortungslosigkeit."*

Wenn du deinem Kind sowohl Handlungsfreiheiten als auch liebevolle, konsequente Grenzen gibst, lernt es:

1. **Selbstbewusstsein**
   Es kann eigene Entscheidungen treffen und Verantwortung übernehmen.

2. **Frustrationstoleranz**
   Es erfährt, dass nicht alles sofort nach seinen Wünschen läuft, und es lernt, mit Herausforderungen umzugehen.

3. **Soziale Kompetenz**
   Es lernt zu verstehen, dass seine Freiheit dort endet, wo sie die Bedürfnisse anderer einschränkt.

Freiheit geben
Wie dein Kind sich entfalten kann

Kinder sind neugierig und wollen sich ausprobieren. Wenn wir ihnen Freiräume geben, können sie ihre Welt entdecken, eigene Erfahrungen machen und ihren Horizont auf spielerische Weise erweitern.

Diese Freiheiten kannst du deinem Kind sinnvoll und verantwortungsbewusst ermöglichen:

Lass dein Kind einige Entscheidungen selbst treffen
- Dein Kind darf selbst bestimmen, ob es lieber mit Bauklötzen oder Puppen spielt oder welches Buch es vorgelesen bekommen möchte.

Ermögliche freies Spiel
- Freie Spielzeit ohne Vorgaben fördert Kreativität, Eigenständigkeit und die Fähigkeit, Probleme allein zu lösen.
Kinder brauchen nicht immer Animation – oft reichen ein paar Stifte, ein Tuch, Eicheln oder schöne Muscheln für tolle eigene Ideen.

Lernen durch eigenes Tun
- Ermutige dein Kind Dinge ausprobieren, auch wenn nicht alles beim ersten Versuch gelingt. Ob Butterbrote schmieren oder die Schuhe anziehen - gib ihm Zeit, selbst wenn es anfangs länger dauert und noch nicht perfekt funktioniert. Bitte halte dich mit „Pass doch auf!" und „Wieder falschherum" zurück.

Lass dein Kind die Welt entdecken
- Ein Kind will sein Umfeld erkunden.
Sei offen für Abenteuer, ob beim Spaziergang im Park oder beim Ausprobieren neuer Spielmöglichkeiten.

Tipp
Kinder sind von Natur aus neugierig! In einem kleinen Schraubglas kann dein Kind auf einem Spaziergang Dinge sammeln und diese zu Hause untersuchen.
Im Baumarkt gibt es tragbare durchsichtige Behälter, in denen auch mal ein Käfer oder eine Schnecke mitgenommen werden darf.
Diese können dann beobachtet und gefüttert werden und gehen am nächsten Tag wieder ins Grüne.
Mein Sohn liebte diese Erkundungen und ging über Jahre nur mit diesen Boxen aus dem Haus.

Mit Grenzen Sicherheit schaffen

Grenzen sind der verläßliche Rahmen, innerhalb dessen sich dein Kind geschützt entfalten kann.
Kinder, die klare Richtlinien erfahren, fühlen sich sicher und geborgen - weil sie wissen, woran sie sind. So können sie innerlich loslassen und ihr ganzes Wesen hat die Chance zur Ruhe zu kommen.

Fehlen eindeutige Grenzen, kann sich das in vielen Bereichen des Alltags bemerkbar machen. Kinder, die keine klaren Rahmenbedingungen erleben, neigen häufig zu Unsicherheit, Überforderung oder dauerhaftem Austesten, denn sie wissen nie genau, woran sie sind – was erlaubt ist, was nicht. Das zeigt sich oft in langen Diskussionen beim Zähneputzen, Anziehen, Aufräumen oder beim Einhalten von Ruhezeiten. Auch Wutausbrüche oder Rückzug können Hinweise darauf sein, dass ein Kind nach mehr Orientierung sucht.
Stabile, liebevoll gesetzte Vorgaben helfen ihm und seinen Eltern gleichermaßen.

Ich weiß, dass das Grenzensetzen nicht immer leicht ist, sondern Durchhaltevermögen erfordert. Wenn es dir jedoch gelingt, kannst du als Ergebnis euer Familienleben harmonisch und viel entspannter gestalten. Bleib also dran, denn es ist der Mühe wert!

Die Puppe
Claudia (34) geht mit ihrer Tochter Emma (5) in den Spielzeugladen, um ein Geschenk für einen Kindergeburtstag zu kaufen. Emma stürmt auf eine Puppe zu und ruft: „Die will ich haben!". Claudia erklärt ruhig: „Heute kaufen wir nur ein Geschenk für Paul." Emma quengelt, weint und hält die Puppe fest.

Lösung 1 - Claudia bleibt klar und bestimmt. Sie gibt Emma eine Aufgabe: „Du darfst das Geschenk für Paul aussuchen." Emma schaut sich um, legt die Puppe zurück und schließlich wählt sie für ihren Freund ein Puzzle. Der Abschied von ihrem Wunsch fällt ihr leichter, weil sie beim Entscheiden beteiligt ist.

Lösung 2 - Manche Kinder brauchen eine Art „Aufschub". Deshalb schlägt Claudia vor: „Wir machen ein Foto von der Puppe und überlegen zu Hause, ob sie auf die Wunschliste für deinen Geburtstag kommt." So fühlt sich Emma ernstgenommen, ohne dass die Grenze - Wir kaufen ein Geschenk für Paul - aufgeweicht wird.

An diesem Beispiel siehst du, wie Claudia kreativ mit ihrem Nein umgeht. Bei 1. gibt sie Emma die Chance, mitzuentscheiden. Durch das Foto bei 2. und das Eingehen auf ihren Wunsch fühlt Emma sich gesehen.

Sinnvolle Grenzen – ein Wegweiser für dein Kind

Damit dein Kind versteht, worauf es ankommt, kannst du folgendermaßen vorgehen:

1. **Sei klar und verständlich**
   Finde einfache und altersgerechte Regeln. Der Satz „Im Spielzeugladen kaufen wir heute nur ein Geburtstagsgeschenk für Paul." ist eindeutig, leicht nachvollziehbar und schenkt Orientierung. Kündige solche Sätze **vor** dem Einkauf an.

2. **Zeige liebevolle Konsequenz**
   Wenn du eine Regel aufgestellt hast, setze sie durch. Dein Kind darf sauer sein, wenn es keine Puppe bekommt – bleibe dennoch freundlich und bestimmt. Wenn du an dieser Stelle nachlässt, lernt es, dass Protest zum Ziel führt.

3. **Erkläre statt befehle**
   Ein schlichtes: „Weil ich es sage" reicht oft nicht aus, es hilft jedoch eine kurze Begründung: „Du darfst mit dem Messer schneiden, wenn ich dabei bin, **weil** ich möchte, dass du gesund bleibst."

4. **Sprich mit dem Kind über Regeln**
   Wenn dein Kind versteht, warum eine Grenze gesetzt ist, akzeptiert es sie eher.

5. Nutze kurze Formeln und Sätze
Sie helfen dir, dein Kind an Dinge zu erinnern, die eigentlich schon besprochen worden sind.
Beispiele: „Vor dem Essen Händewaschen nicht vergessen." oder „Zähne putzen wir immer."

Im Kindergarten meiner Kinder gab es den Spruch „Schnitzen nur im Sitzen." Dieser kurze Satz hat an die Regel erinnert und geholfen, sie einzuhalten. Auch wohnten wir direkt neben einem Eisladen und sind jeden Tag mindestens 6x daran vorbeigekommen. Der Satz: „Sonntag ist Eistag." hat mich gerettet.

6. Bleib konsequent, auch wenn es anstrengend ist
Ein Kind lebt immer im gegenwärtigen Moment. Deshalb fällt es ihm schwer, die Erfüllung seiner Wünsche auf eine weit entfernte Zeit zu verschieben. Es hat noch kein Gefühl für Zeiträume.
Ein jüngeres Kind kann die Länge von „bis zum Urlaub" und „bis Oma kommt" nicht einschätzen. Für etwas ältere Kinder geht es schon leichter, da sie allmählich verstehen, wie lange etwas dauern kann.
Im Fall von Emma hat ein Foto geholfen. Auch das Ankreuzen der Tage im Kalender oder das Abschneiden von Knoten an einer Schnur sind bildhaft.

Dem Kind wird deine Konsequenz oft nicht gefallen, deshalb reagiert es mit Wut und Frust, das ist ganz normal. Aber wenn du eine Entscheidung getroffen hast, bleib dabei, auch wenn es anstrengend und kräftezehrend ist. Klarheit zahlt sich oft erst später aus, du wirst mit einem harmonischem Miteinander belohnt.

Die folgenden Alltagsszenen machen deutlich, wie wichtig es ist, dass du dem Kind Orientierung bietest.

Im Straßenverkehr
Lena (28) geht mit ihrer Tochter Anne (4) spazieren. Plötzlich sieht Anna eine Katze und läuft los. Die Kleine ist flink, aber zum Glück kann Lena sie an der Jacke festhalten, denn schon kommt ein Auto.
Kinder sind oft sehr impulsiv und schnell. Sie können Gefahren noch nicht zuverlässig einschätzen und leben im Augenblick. Deshalb ist nun Lenas klare Regel: „Wenn wir an einer Straße laufen, gibst du mir die Hand." Diese Vorgabe schützt das Leben ihres Kindes. Ohne eine eindeutige Regel weiß Anne nicht, dass sie die Straße nur an der Hand ihrer Mutter überqueren darf. Sie muss sich daran halten, weil sie sonst in Lebensgefahr gerät.

Die Uhr
Jim (5) möchte jeden Nachmittag länger am Tablet spielen. Ohne festes Zeitlimit verliert er sich darin, wird unruhig und sogar schlecht gelaunt. Seine Mutter Claudia (34) sagt: „Nach 15 Minuten spielen wir etwas anderes, das machen wir immer so."
Claudia hat für ihn eine kleine Uhr mit Zeigern gekauft, diese hilft ihm visuell, die Zeit besser einzuschätzen. Jim lernt mit ihr, ein Gefühl für gesunde Zeiträume zu entwickeln.

Rücksicht und Respekt
Emmi (5) läuft bei Freunden ins Haus. Ohne zu klingeln geht sie in die Küche und nimmt sich ungefragt einen Apfel. Dadurch bringt sowohl sich als auch ihre Mutter Nina (33) in eine unangenehme Situation.
Eine freundliche Erklärung und ein klarer Rahmen könnten Emmi zeigen, wie angemessenes Verhalten im Miteinander funktioniert: „Wenn du jemanden besuchen möchtest, klingelst du zuerst an der Tür und wartest, ob es passt" und „Wenn du einen Apfel essen möchtest, fragst du vorher." Damit bekommt Emmi die Chance, soziale Regeln zu verstehen und sich sicher in der Begegnung mit anderen zu bewegen.

Schlafenszeit
Die Eltern von Lukas (4) wurden sehr streng erzogen, deshalb möchten sie mit ihrem Kind offener umgehen. Lukas darf jeden Abend selbst entscheiden, wann er ins Bett gehen möchte. Anfangs klingt das nach der Freiheit, die sie nie hatten. Doch schnell fehlt Lukas der Schlaf – er ist unausgeglichen, aufgedreht und findet schlecht zur Ruhe. Auch die Eltern stresst das Chaos zu später Stunde mehr und mehr. Sie beraten sich und beschließen, die abendliche Routine zu verändern.
Sie erklären ihrem Sohn, dass nun immer nach dem Abendessen die „ruhige Zeit" beginnt. Das fällt Lukas in den ersten Tagen schwer und er sträubt sich. Doch Mutter und Vater bleiben freundlich und konsequent. Sie haben sich vorgenommen, dem Kind vorzuleben und zu zeigen, wie man lernt, sich zu entspannen. Sie setzen sich mit einer Zeitschrift ins Wohnzimmer und schauen dann mit Lukas gemeinsam ein Bilderbuch an. Nach kurzer Zeit hat er sich an den neuen Ablauf gewöhnt, er schläft leichter ein und die Abendabläufe sind klarer. Das Zubettgehen wird friedlich.
Ideal ist, dass die Eltern an einem Strang ziehen.

Diese 4 Beispiele zeigen uns, wie wichtig Grenzen sind, wenn sie das Kind schützen. Zugleich fördern sie soziale Fähigkeiten und die emotionale Ausgeglichenheit.

Es lohnt sich, bewusst zu entscheiden, welche Regeln im Familienalltag wirklich wichtig sind. Wenn du das weißt, kannst du sie ruhig und sicher vertreten. Gleichzeitig gehst du entspannter mit den Dingen um, die keine so große Rolle für dich spielen.

Balance finden - mit dem Rahmenmodell

Wie gesagt - ein gutes Gleichgewicht zwischen Freiheit gewähren und Regeln setzen zu finden, ist nicht immer einfach. Machmal sind wir vielleicht zu streng, an anderer Stelle inkonsequent oder lassen zu viel durchgehen. Das ist normal, denn Grenzen dürfen und müssen sogar immer wieder neu justiert werden.
Um dafür einen guten Weg zu finden, hat sich das sehr hilfreiche Prinzip des Rahmenmodells bewährt.
Stell dir dafür einen Bilderrahmen mit einem schönen Bild vor. Die äußere Rahmengrenze symbolisiert klare Regeln, Absprachen, Werte, Schutz und auch Konsequenzen. Sie gibt deinem Kind Sicherheit. Im Inneren des Rahmens hat dein Kind alle Freiräume. Es darf sich entfalten, sich entspannt und frei bewegen.

Dieses Modell zeigt sehr anschaulich, wie du bewusst Entscheidungen treffen und dabei konsequent bleiben kannst.

Und so funktioniert es:

Beispiele für das Rahmenmodell

- Fritz darf allein im Hof Fahrrad fahren (Freiheit), aber er muss dabei einen Helm tragen (klare Grenze).

- Cara darf mit Fingerfarben malen (Freiheit), aber nur am Tisch und nicht an der Wand (klare Grenze).

- Tom darf beim Kochen helfen (Freiheit), aber nur mit sicheren Küchenutensilien und mit der Mama zusammen (klare Grenze).

- Louisa darf ihre Freundin Elli zum Spielen einladen (Freiheit), aber nach dem Spielen räumen sie gemeinsam wieder auf (klare Grenze).

❀ Reflektiere über diese Fragen und schreibe die Antworten in dein Heft.
- Welche Regeln galten in deiner Kindheit?
- Welche sind heute noch für dich von Bedeutung?
- Wie haben sie dich geprägt?

Zusammenfassung

Kinder brauchen sowohl Freiheit als auch klare Grenzen. Freiheit fördert ihre Entfaltung, Grenzen geben Sicherheit. Zu viele Regeln bremsen, zu wenig Orientierung verunsichert.

- **Raum geben, Halt schenken**
  Freiraum und klare Linien stärken dein Kind. Wenn beides im Gleichgewicht ist, entsteht ein Alltag, der euch guttut.

- **Orientierung schafft Ruhe**
  Klare Abläufe geben deinem Kind Sicherheit und machen Neues leichter.

- **Entfaltung ermöglichen**
  Dein Vertrauen öffnet Räume, in denen dein Kind über sich hinauswächst.

- **Grenzen als Schutzraum**
  Liebevolle Regeln geben deinem Kind Halt. Du kannst das Rahmenmodell nutzen.

Ernährung.
Bewegung.
Gesunde Kinder –
fit und stark.

Das erwartet dich in diesem Kapitel

- Gesund leben - Tag für Tag
- Ausgewogene Ernährung - Der Treibstoff für Körper und Geist
- Erholsamer Schlaf - Eine wichtige Säule für ein gutes Familienklima
- Bewegung - Ein Schlüssel zum Wohlbefinden
- Der eigene Körper - Seine Signale wahrnehmen und achten

Gesund leben – Tag für Tag

Damit ein Kind zufrieden und ausgeglichen aufwachsen kann, braucht es zu aller Liebe und Geborgenheit, eine stabile körperliche Basis.

Über die Themen Ernährung, Schlaf und Bewegung hast du bereits im Kapitel für dich als Mutter gelesen. An dieser Stelle geht es darum, wie du diese Themen liebevoll in den Alltag deines Kindes integrieren kannst, denn wie für dich sind sie auch für seine körperliche, geistige und seelische Entwicklung essenziell.
Wie sehr sich leibliches Unwohlsein auf die psychische Verfassung auswirkt, zeigt das folgende Beispiel:

Schlechter Schlaf und wenig Nahrung
Jan (6) hat schlecht geschlafen und ist am Morgen weinerlich und schnell überfordert. Er trödelt geht nur widerwillig in die Kita. Das Mittagessen dort schmeckt ihm nicht, deshalb isst er nur wenig. Das Spiel mit seinen Freunden endet im Streit.
Jans Mutter Birgit (32) holt ihn am Nachmittag mit dem Auto ab. Zu Hause ist er kaum zu bändigen, Jan ist hungrig, müde und unausgeglichen. Er beginnt zu toben, hört nicht auf Birgits Ermahnungen. Schon stürtzt die Bumenvase um, er tut sich weh und weint.

Ähnliche Tage und Situationen hat jede von uns schon erlebt. Ist ein Kind körperlich aus dem Gleichgewicht, gelingt es ihm schlechter, seine Gefühle zu regulieren. Es kommt zu Streit, Tränen und unschönen Szenen.

Wie hätte Birgit aus dem Beispiel reagieren können? Der Abend wäre vielleicht anders verlaufen, wenn sie am Nachmittag vom „normalen" Tagesablauf abgewichen wäre. Der unruhige Jan hätte bei einem kleinen Spaziergang seinen Stress abbauen und mit seiner Mutter erzählen können. Auch ein vorgezogenes Abendessen und eine frühere Schlafenszeit wäre für das hungrige Kind an diesem Tag passend gewesen. Reflektiere die Situation. Wie hättest du gehandelt?

Ausgewogene Ernährung
Der Treibstoff für Körper und Geist

Wenn sich dein Kind körperlich wohlfühlt, kann es sich gut konzentrieren, bleibt emotional ausgeglichen und hat genug Energie zum Spielen, Lernen und Entdecken. Eine gesunde Ernährung bildet dafür die beste Grundlage. Vollkornprodukte, frisches Obst, Gemüse und ausreichend Eiweiß liefern alle wichtigen Nährstoffe und sorgen für einen stabilen Blutzuckerspiegel.

Ist dieser konstant, fällt es Kindern (und natürlich auch Erwachsenen) leichter, ruhig, aufmerksam und konzentriert zu bleiben.

Zucker- und Weißmehlprodukte dagegen führen zu schnellen Schwankungen des Glukosespiegels – dein Kind wird unruhig oder gereizt.

Regelmäßige, gesunde Mahlzeiten geben dem Körper neue Energie und helfen, die Aufmerksamkeit über den Tag hinweg zu halten.

Wie Brokkoli versteckt wird

In der Familie von Raja (38) und Roli (35) wird das Thema Essen zunehmend schwierig. Fritzi (7), Anton (5) und Mona (4) wollen nur noch bekannte Lieblingsgerichte – täglich Pommes frites, Nudeln mit Butter oder Brot mit Schokolade. Es wird um jeden Apfelschnitz, um jede Karotte gekämpft. Oft endet das Essen im Streit. Obst und Gemüse bleiben unangetastet.

Die Eltern sind dies leid und beschließen, den Druck am Familientisch herauszunehmen. Statt langer Diskussionen laden sie die Kinder ein, beim Einkaufen mitzuhelfen. Am Sonnabend ist es soweit, sie gehen sie zusammen auf den nahegelegenen Wochenmarkt.

Jedes Kind darf auswählen, welches Gemüse es gern probieren will. So wandern Paprika, Brokkoli und Süßkartoffeln in den Korb. Beim gemeinsamen Zubereiten zu Hause ist plötzlich Neugier da – Mona kostet die Paprika, Anton rührt Dressing für Salat und Fritzi "versteckt" den Brokkoli unter einer dünnen Schicht Käse. Beim anschließenden Essen stellt Anton begeistert fest, dass die Süßkartoffeln vom Blech „fast wie echte Pommes" schmecken.
So wird der Samstag zum Markttag und mit der Zeit kommt immer mehr Farbe auf die Teller. Die Stimmung am Tisch wird entspannter und fröhlich.
Raja und Roli haben die Kinder in die Auswahl und Zubereitung mit einbezogen - das war ein kluger Schachzug.

Mit folgenden praktischen und alltagstauglichen Ideen fällt es auch dir leicht, euren Speiseplan gesund und abwechslungsreich zu gestalten.

Habt geregelte Essenszeiten

- Haltet euch an feste Essenszeiten.
  Dies gibt Struktur und verhindert, dass dein Kind zu lange hungrig ist. Entspanntere Zeiten am Wochenende sind natürlich erlaubt.

- Vermeidet unkontrolliertes Snacken.

Ernährt euch frisch und nährstoffreich

- Esst viel Gemüse, Obst, Vollkornprodukte, Eiweißquellen und gesunde Fette.

- Probiere aus, welches Gemüse deinem Kind gut schmeckt.
  Meine Tochter aß mehrere Jahre nur Erbsen.

- Wie wäre es mit einem Naschtag in der Woche? An den anderen Tagen ist dann Süßes tabu. Das funktioniert super!

Kaufe bewusst ein

- Du entscheidest, welche Lebensmittel du in deinen Einkaufswagen legst und welche du im Schrank haben möchtest.
  Triff eine kluge Auswahl, dann vermeidest du zu Hause Quengeleien.

- Eine Bekannte erzählte mir vor Jahren, dass ihre Kinder nur weißes Toastbrot essen. Das hätten meine Kinder vielleicht auch getan, aber ich habe es nicht gekauft.

Kocht gemeinsam

- Lass dein Kind beim Einkaufen und beim Zubereiten der Mahlzeiten helfen – das steigert sein Interesse an gesunden Speisen.

- Ein kleines Kind kann Gemüse waschen oder umrühren, ein älteres Kind darf einfache Aufgaben übernehmen.

- Oft sind Kinder sehr geschickt, wenn wir ihnen den richtigen Umgang mit Messer, Schere und anderen Küchenutensilien zeigen. Nimm dir die Zeit und erkläre geduldig.
Bei uns hieß das "Kochstudio".

Trinkt ausreichend

- Wasser ist immer die erste Wahl, da gesüßte Getränke schnell zur Gewohnheit werden können. Finde ein besonders schönes Glas mit einem Tier o.ä. darauf, das deinem Kind gefällt. So wird es leichter, dein Kind an das Trinken zu erinnern.

- Unterscheidet Durst von Appetit.

Achte auf Zuckerfallen und finde Alternativen

- Viele Kinderprodukte enthalten unnötig viel Zucker - selbst dort, wo man es nicht vermutet: in Joghurts, Tomatenketchup und Säften. Sortiere sie aus eurem Speiseplan.

- Neben der schon erwähnten Konzentrationsschwierigkeiten und Stimmungsschwankungen ist Zucker für Zahnprobleme und Heißhungerattacken verantwortlich.

- Nüsse, selbstgemachte Snacks und Obst bieten wertvolle Alternativen.
Viel Spaß macht es den Kindern oft, beim Zubereiten oder Backen gesunder Köstlichkeiten mizuhelfen.

- Seid kreativ, probiert euch aus und schaut euch nach schmackhaften gesunden Varianten bekannter Rezepte um.

Tipp
Gestalte gesunde Ernährung spielerisch! Lass dein Kind Farben oder Formen von Obst und Gemüse bestimmen, es kann lustige Gesichter auf den Teller legen und beim Einkaufen ein Produkt auswählen.

Erholsamer Schlaf
Eine wichtige Säule für ein gutes Familienklima

Schlafmangel gehört zu größten Stressfaktoren - für Kinder und für Eltern. Eine ausgeruhte Person reagiert meist geduldiger und ausgeglichener, sie kann mit unvorhersehbaren Herausforderungen deutlich besser umgehen.

Während wir schlafen, sortiert und verarbeitet unser Gehirn all die Eindrücke des Tages. Und ganz nebenbei - sozusagen über Nacht - werden Kreativität und emotionale Stabilität gefördert. Fehlt jedoch ausreichend Schlaf, sind wir oft gereizt, unkonzentriert oder überfordert. Selbst kleine Pannen können dann zu großen Emotionen führen, du hast diese Erfahrungen mit Sicherheit schon selbst gemacht.

Deshalb steht für mich eine gute Nachtruhe ganz oben auf der Prioritätenliste, denn er ist für alle Familienmitglieder eine echte Kraftquelle.
Ein ausgeschlafenes Kind kann fröhlich und voller Neugier in den Tag starten und ist mit Entdeckerfreude dabei, seine kleine Welt zu erobern.
Den Eltern schenkt genügend Schlaf Kraft, mehr Gelassenheit und Zuversicht. So kann euer Tag für alle entspannt beginnen. Drama und Streit haben keine Chance.

Wenn ein Kind dauerhaft schlecht oder zu wenig schläft, hat das viele Auswirkungen. Auf das Kleine selbst und auf sein Umfeld. Hier sind einige aufgelistet.

Die Konzentrationsfähigkeit sinkt
- Das Kind kann weniger aufmerksam sein und nimmt neue Informationen nur begrenzt auf.

Emotionale Unruhe häuft sich
- Es reagiert schneller gereizt, weint öfter oder ist rasch überfordert. Kleine Pannen geschehen.

Das Verhalten wird auffälliger
- Trotz, Rückzug oder häufige Konflikte mit anderen Kindern können zunehmen.

Das Wohlbefinden lässt nach
- Das Immunsystem wird geschwächt, Infekte treten vermehrter auf und die Energie fehlt.

Die Stimmung in der Familie leidet
- Durch die Müdigkeit sinkt die Fähigkeit, geduldig zu sein. Somit wird der Alltag angespannter für alle. Die Streitigkeiten häufen sich.

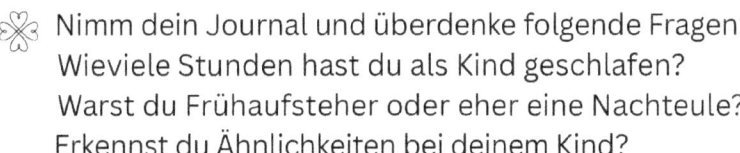

Nimm dein Journal und überdenke folgende Fragen: Wieviele Stunden hast du als Kind geschlafen? Warst du Frühaufsteher oder eher eine Nachteule? Erkennst du Ähnlichkeiten bei deinem Kind?

Gute Schläfer und schlechte Schläfer gibt es in jeder Familie - oft liegt das an ihrem Temperament, am Entwicklungsstand oder dem Erlebten vom Tag. Mit Ruhe und einem klaren Ablauf kannst du einen guten Schlaf deines Kindes aber gezielt unterstützen. So gelingt's:

Lege Schlafenszeiten fest
- Ein klarer Rhythmus hilft dem Körper, sich auf die Regelmäßigkeit einzustellen.
- Je konstanter die Zubettgeh-Zeit ist, desto leichter fällt das Einschlafen.

Gönnt euch eine entspannte Einschlafroutine
- Wiederkehrende Rituale helfen deinem Kind, zur Ruhe zu kommen (siehe Abschnitt Rituale).
- Ein warmer Schluck Tee, eine kurze Massage oder eine Geschichte können sehr wirksam sein.

Achte auf bildschirmfreie Zeit vor dem Schlafen
- Wissenschaftlich ist erwiesen, dass das blaue Licht von Tablets oder Fernsehern die Produktion des Schlafhormons Melatonin hemmt.
- Anstatt ein Filmchen zu schauen, geht einer ruhigen Beschäftigung nach. Lest vor oder malt ein Bild.

Schaffe eine schöne Schlafumgebung
- Ein gemütliches Bett, eine angenehme Temperatur und wenig Ablenkung helfen deinem Kind, besser zur Ruhe zu kommen.

Das Kuscheltier
- Dieser freundliche Schlafbegleiter gehört seit Generationen einfach mit dazu, oder?

Tipps
- Hab Geduld, Schlaf kann man nicht erzwingen. Finde heraus, was dein Kind wirklich entspannt.
- Manche Kinder mögen eine kleine Nachtlampe, andere brauchen absolute Dunkelheit.
- Beobachte, was gut funktioniert, und verändere eure Routine, wenn du merkst, dass etwas besser zu euch passt.
- Frage dein Kind, ob es etwas gibt, was ihm den Übergang vom Tag zur Nacht erleichtert.
Die Antwort kann dich erstaunen.

Mein mittlerer Sohn, damals etwa 4 Jahre alt, kam eines Abends ins Wohnzimmer und bat mich: „Mama, kannst du bitte Klavier spielen? Ich kann dann besser einschlafen." - Ja, so leicht kann auch mal es gehen!

Bewegung
Ein Schlüssel zum Wohlbefinden

Wie du weißt, haben Kinder einen natürlichen Bewegungsdrang. Wenn sie sich freuen, tun sie dies mit dem ganzen Körper und wenn sie wütend sind auch. Aufgeregte Kinder werden zappelig und das Stillsitzen ist für die meisten Kleinen schwer, oft können die Füße unter dem Tisch keine Ruhe finden.

Bewegung ist nicht nur wichtig für die körperliche Fitness, sondern auch für das emotionale Gleichgewicht. Hier erfährst du, warum sie kein „Nice-to-have" ist, sondern ein unverzichtbarer Bestandteil der kindlichen Entwicklung und des Wohlbefindens.

Bewegung fördert die Gehirnentwicklung

Bewegung aktiviert unsere beiden Gehirnhälften und fördert das Lernen auf ganz natürliche Weise. Kinder, die sich regelmäßig körperlich betätigen, können sich besser konzentrieren, erfassen Neues leichter und stärken spielerisch ihre sprachlichen sowie mathematischen Fähigkeiten.
Auch fördern Aktivitäten wie Klettern, Fangen oder Balancieren wichtige Bereiche des Gehirns.

Bewegung stärkt den Körper

Durch vielfältige Bewegungen bauen Kinder Muskeln auf, trainieren ihre Koordination und ihren Gleichgewichtssinn. Sie entwickeln ein gesundes Körpergefühl und beugen Übergewicht vor. Auch Haltung und Ausdauer profitieren. Bewegungsvielfalt ist ein unverzichtbarer und unbedingt zu beachtender Baustein für das gesundes Aufwachsen deines Kindes.

Bewegung wirkt emotional ausgleichend

Du kennst es bestimmt: Nach Laufen, Hüpfen oder Schaukeln ist die Laune oft besonders gut. Das ist ganz natürlich, denn dabei werden Glückshormone freigesetzt. Motorische Aktivitäten helfen Kindern außerdem, ihre Gefühle besser zu regulieren – sie können Wut oder Frust körperlich ausdrücken. So fließen sie ab und stauen sich gar nicht erst an.

Bewegung fördert soziales Lernen

Beim Spielen, Toben und beim Sport in Gruppen lernen Kinder, Rücksicht zu nehmen und fair zu sein

Sie erfahren, wir man sich abspricht, Regeln einhält und Konflikte gerecht löst. Sie werden teamfähig.
Bewegung eröffnet viele Gelegenheiten, soziale Stärken zu entwickeln und so das respektvolle und achtsame Miteinander zu üben.
Das ist ein ganz wichtiger Punkt für einen guten Umgang in Familie, Freundeskreis und letztlich in unserer Gesellschaft.

Bewegung stärkt Selbstbewusstsein

Wenn ein Kind erlebt: "Ich kann das!" – ob beim Werfen, Balancieren oder Tanzen – dann wächst sein Zutrauen in sich selbst.
Es spürt, dass es Dinge aus eigener Kraft schafft. Diese positive Erfahrung ist für die Persönlichkeitsentwicklung eines jungen Menschen entscheidend, stärkend und wundervoll.

Bewegung sollte jeden Tag ganz selbstverständlich dazugehören, im Zimmer und im Freien, in der Kita genauso wie zu Hause. Mache sie spielerisch zum ganz natürlichen Teil eures Alltags.

Seid viel draußen

- Ob auf dem Spielplatz, im Garten oder bei einem Spaziergang – Hauptsache es geht an die frische Luft!

- Manchmal ist es aber doch nicht so einfach, das Kind ins Freie zu locken, gerade wenn es draußen dunkel und ungemütlich ist. Dann kannst du dir einen kleinen Grund einfallen lassen, warum ihr nochmal kurz aufbrechen müsst. Habt ihr Eier für den Eierkuchen vergessen? Oder Papier zum Malen? Na dann hinein in die Gummistiefel und los!

- Schön ist es, wenn ihr ein Geschäft findet, in dem das Kind etwas erwerben kann und mit dem Verkäufer, mit der Verkäuferin vertraut wird.
Habt ihr einen Blumenladen an der Ecke? Eine einzelnde Rose und eine Tulpe bekommen eine neue Bedeutung, wenn dein Kind sie allein gekauft hat.

- Jedes Jahr im November sehen wir Kinder und Eltern mit den Martinslaternen durch die Straßen ziehen.
Kinder mögen das sehr und denkbar ist es, das nicht nur ein Mal im Jahr zu machen, oder?

Weitere Ideen

- Leuchtende Adventssterne zu zählen oder nach den Enten zu schauen, kann dein Kind spannend finden.
- Viele Kinder mögen Baustellen und finden es interessant zu beobachten, wie Neues entsteht.
- Vielleicht wohnt ihr an einem Fluss und könnt sehen, welche Schiffe vorbeifahren?
- Ist in euer Nähe ein (Kinder)Bauernhof?

Finde Möglichkeiten, die zu euch und in euer Umfeld passen!

Gestaltet den Alltag aktiv

Bewegung darf leicht, freudvoll und natürlich sein – ohne großen Aufwand.

- Legt eure Wege lieber zu Fuß, mit dem Rad, Roller oder Laufrad zurück, anstatt das Auto zu nehmen.
- Nehmt Treppen oder kleine Umwege.
- Übt eure Geschicklichkeit auf einem Mäuerchen, das macht Spaß und schult den Gleichgewichtssinn.

- Kinder mögen auch kleine Wettrennen und Aufgaben, wie „Wer ist zuerst beim roten Auto und steht dort auf einem Bein?" oder „Heute gehen wir rückwärts."

- Verabredet euch zum Toben mit Freunden auf einem Abenteuerspielplatz.

- Vielleicht wohnt ihr in der Nähe eines Waldes? Dann können die Kinder frei umherstreifen und allein in einem abgesteckten Gebiet auf Entdeckungstour gehen. Baut zusammen kleine Hütten und beobachtet Tiere.

Kreative Bewegung zu Hause

An manchen Tagen mag man einfach mal zu Hause bleiben. Auch dafür finden sich Bewegungsvarianten.

- Baut einen Hindernisparcours mit Stühlen und Kissen, macht gemeinsam Gymnastik oder Yoga. Findet etwas, was euch allen Spaß macht!

Nutzt Sportangebote

- Bewegung sollte mit Freude verbunden sein, deshalb sprich mit deinen Kind und bekomme heraus, welche Sportart es mag oder was ihm gefällt.
- Was macht dir selbst Spaß?
- Worin ist dein Kind geschickt?
- Finde einen Verein der Kindersport, Turnen oder Fußball anbietet, wenn das für euch passt.
- Wie wäre es mit einem Besuch im Schwimmbad und im Sommer im Freibad?
- Gibt es in eurer Nähe einen Kletterpark?
- Kinder lieben es zu reiten. Ein Ausflug zu einem Ponyhof ist eine besondere Freude.

Tipp
Sei ein sportliches Vorbild!
Wenn dein Kind sieht, dass du dich gerne bewegst, wird es mit Freude mitmachen. Und warum solltest du nicht auch ein paar Kletterübungen auf dem Spielplatz einlegen oder auf einem Pferd reiten?

Der eigene Körper
Seine Signale wahrnehmen und achten

Ein wichtiger Schritt in der Entwicklung deines Kindes ist, dass es lernt, auf seinen eigenen Körper zu hören. Dazu gehört, zu spüren, wann es Hunger oder Durst hat, wann es müde ist – und zu wissen, dass es das Recht besitzt, seine körperlichen Grenzen zu setzen.
Kinder, deren Körpersignale ernst genommen werden, entwickeln ein gesundes Körpergefühl. Sie lernen, Verantwortung für sich selbst zu übernehmen und wissen: „Ich darf Nein sagen, wenn mir etwas zu viel ist." Sei es beim wilden Spiel, bei körperlicher Nähe oder im Alltag mit anderen – dieses Vertrauen in sich gibt ihnen Sicherheit.

Wenn Kinder erleben, dass ihre Signale respektiert werden, stärkt das ihr Selbstbewusstsein. Gleichzeitig lernen sie, sich selbst zu regulieren und auf andere empathisch zu reagieren.
Langfristig bildet ein Gespür für die eigenen Grenzen eine stabile Basis: Es hilft, mit Stress gut umzugehen, sich zu schützen und achtsam für sich selbst zu sorgen. So wächst nicht nur innere Stärke, sondern auch ein Wissen, dass sie ihrer eigenen Wahrnehmung trauen können.

Auf dem Spielplatz 1
Ben (6) und sein Freund Theo (5) raufen auf dem Spielplatz. Das Spiel wird immer wilder, beide schubsen und stoßen schließlich zusammen. Ben fällt auf die Knie, Theo schürft sich die Hand. Sie stehen auf, wischen sich den Schmutz ab und rufen gleichzeitig: „Du bist schuld!" Beide sind wütend, drehen sich weg und gehen frustriert auseinander.

Ben und Theo haben noch nicht gelernt, die Kräfte ihrer Körper richtig einzuschätzen. Auch haben sie ihre eigenen Grenzen und die des anderen übersehen. Das führte zu Verletzungen und Frust.

Auf dem Spielplatz 2
Willi (6) tobt mit seinen Freunden auf dem Spielplatz. Nach einer Weile wird ihm das Raufen zu wild: „Ich will nicht mehr, das ist mir zu viel." Er setzt sich auf die Schaukel, atmet tief durch und beobachtet die anderen Kinder, bevor er wieder ins Spiel einsteigt.

Willi wurde von klein auf immer wieder darin bestärkt, auf seine Gefühle und Körpersignale zu achten, deshalb spürt er rechtzeitig, wann ihm etwas zu viel wird. Er kennt seine Grenzen und kann eigenständig eine Pause einlegen, ohne dass jemand ihm sagen muss, dass er aufhören soll. Er entscheidet, wann er wieder mitspielt.

So förderst du die Selbstwahrnehmung

Du kannst dein Kind darin unterstützen, ein gesundes Gespür für den eigenen kleinen Körper zu entwickeln. Damit lernt es zu unterscheiden, wann es Hunger hat, ob es müde ist und wann es sich unwohl fühlt.
Ganz ähnlich haben es auch Willis Eltern gemacht.

Frieden am Familientisch

- Lass dein Kind selbst spüren, wann es satt ist. „Iss den Teller leer" ist ein veraltetes Konzept, das ein Kind davon abhält, ein natürliches Sättigungsgefühl auszubilden.

- Ein Kind darf lernen, kleine Portionen auszuwählen und sich nachzufüllen, wenn es noch Hunger hat.

- "Hier wird gegessen, was auf den Tisch kommt." ist ein überkommenes Schema aus einer anderen Zeit. Damit es nicht ins Gegenteil umschlägt - wie im Beispiel von Raja, Roli und den Kindern - vereinbare, dass das Kind einen Teelöffel von der angebotenen Mahlzeit probiert und aus den vorhandenen Speisen mindestens ein Nahrungsmittel auswählt, das es isst.

- Kinder mögen oft milde, bekannte Speisen, doch mit kleinen, spielerischen Versuchen entdecken sie nach und nach neue Aromen und Geschmacksrichtungen.

Ermutige dein Kind, auf seinen Körper zu hören

- Sprich mit ihm über seine Gefühle und Bedürfnisse.
    - „Hast du Hunger oder möchtest du nur aus Langeweile etwas essen?"
    - „Bist du müde und brauchst eine Pause?"
    - „Ist dir warm oder kalt? Brauchst du vielleicht eine Jacke?"

So lernt es, die verschiedenen Signale seines Körpers zu erkennen und bewusst zu unterscheiden. Das klingt für uns leicht, ist es aber nicht.

- Bestärke es darin, seine Bedürfnisse und Grenzen auszudrücken.
Zeige Anerkennung: „Super, dass du gesagt hast, dass dir das zu viel ist. Das hilft mir sehr". Mit deiner Rückmeldung kann es einordnen, dass es bei dem, was es bei sich wahrnimmt richtig liegt.

Achte auf ausreichend Ruhephasen

- Mit regelmäßige Pausen lernt ein Kind zu spüren, dass es müde wird und sich wieder erfrischen kann.

- Findet einen schönen ruhigen Ort, z.B. ein weiches Kissen oder einen Sessel, wohin sich es sich zurückziehen kann, wenn es merkt, dass es eine Ausruhzeit braucht. Dies schult das Bewusstsein für den eigenen Körper und das Kind lernt, sich besser wahrzunehmen. So hilfst du ihm, innere Ruhe und Balance nach und nach allein zu finden.

Erzwinge keine Berührungen

- Dränge dein Kind nicht dazu, jemandem ein Küsschen zu geben oder sich umarmen zu lassen, wenn es das nicht möchte. Die eigenen Grenzen zu wahren und auf seine Gefühle zu achten, ist eine wertvolle Lektion.
So wie wir nicht jeden Menschen umarmen wollen, geht es auch den Kindern.

Tipp
Beobachte dein Kind aufmerksam im Alltag und benenne, was es zeigt, wie: „Du merkst, dass dir das Spielen gerade zu wild wird, oder?"

Zusammenfassung

Für ein gesundes und starkes Aufwachsen braucht dein Kind gute Gewohnheiten.
Sie stärken Körper, Geist und Selbstwahrnehmung. Achte auf folgende Punkte:

- **Gesunde Ernährung**
  Biete regelmäßige, ausgewogene Mahlzeiten und integriere gesunde Lebensmittel spielerisch. Kocht gemeinsam.

- **Ausreichend Schlaf**
  Sorge für feste Schlafenszeiten, ruhige Abendroutinen und eine angenehme Schlafumgebung. Keine Bildschirmzeiten vor dem Zubettgehen

- **Bewegung als Entwicklungsbooster**
  Spielt viel draußen, wählt Wege aktiv und baut kreative Bewegung in den Alltag ein.

- **Körperliche Selbstbestimmung**
  Dein Kind soll lernen dürfen, auf seinen Körper hören, deshalb dränge ihm weder Essen noch Berührungen auf.

Spielen. Lernen.
Sich entfalten.
Dein Kind entdeckt
die Welt.

Das erwartet dich in diesem Kapitel

- Kleine Wunder im Kinderzimmer
- Spielräume fürs Großwerden

Kleine Wunder im Kinderzimmer

Mir gefällt das Wort ENTFALTEN aus dem Kapiteltitel. Es klingt für mich, als würde etwas Verborgenes, etwas, das schon da ist, seine Flügel zu voller Größe ausbreiten.

Kinder öffnen sich beim Spielen.
Sie entfalten sich wie eine kostbare Knospe oder ein seltener schimmernder Schmetterling. Und es gibt doch kaum etwas Schöneres, als leise ein Kind zu beobachten, das andächtig und selbstversunken spielt. Stiller Zeuge sein zu dürfen, wenn es immer wieder Bauklötzchen zu einem Turm schichtet oder in gemütlicher Atmosphäre seinem Teddy ein Lied vorsingt - das sind Augenblicke, die unser Herz rühren und die wir uns in keinem Supermarkt der Welt kaufen können.

Das Spielen ist etwas, bei dem das innere Erleben nach Aussen getragen wird. Es ist ein unverzichtbarer Bestandteil der Entwicklung unseres Kindes und beeinflusst nahezu alle Bereiche seines Wachstums.

Wissenschaftliche Studien zeigen immer wieder, dass Kinder im Spiel auf ganz natürliche Weise lernen – sie entdecken, experimentieren, probieren aus und entwickeln dabei wichtige Fähigkeiten, die sie ihr ganzes Leben begleiten. Welch großer Schatz!

Psychologische Perspektive

Der renommierte Schweizer Psychologe und Entwicklungsforscher Jean Piaget sah im kindlichen Spiel weit mehr als bloßen Zeitvertreib: Für ihn war es die Art, wie Kinder die Welt begreifen, Zusammenhänge entdecken und sich ausprobieren – er sah es als ihre ganz eigene Form von „Arbeit".

Und in der Tat, durch das Spielen lernen Kinder nicht nur etwas über ihre Umwelt, sondern auch über sich selbst. Sie entwickeln ihre geistigen und sozialen Fähigkeiten und das stärkt ihre emotionale Intelligenz sowie ihre Begabung, eigene Lösungen zu finden.

Das Spiel ist der Weg eines Kindes, die Welt zu begreifen und zu reflektieren. Es sieht sich selbst in ihr und kann so ein Teil von ihr werden.

Neurowissenschaftliche Perspektive

Studien aus der Neurowissenschaft bestätigen ebenfalls, dass Spielen auf die Entwicklung des kindlichen Gehirns einen tiefgreifenden Einfluss hat.

Es fördert die Verbindungen zwischen den Neuronen, was die kognitive Leistung, das Gedächtnis und die Fähigkeit zur Problemlösung stärkt.

Besonders das freie, selbstständige Spielen ist von entscheidender Bedeutung. Es stärkt Kreativität und die Kompetenz, eigenständig Entscheidungen zu treffen.

Mit diesem Verständnis bist du nun bestimmt hochmotiviert, das Spielen deines Kindes weiter zu fördern. Dafür gibt es einfache und wirksame Wege.

Wo Fantasie aufblüht

Wenn Kinder im Spiel die Möglichkeit haben, ihre eigenen Welten zu erschaffen, regen wir ihre Vorstellungskraft und Kreativität an.
Ein einfaches Spiel mit Bauklötzen kann zu einem komplexen Szenario werden, in dem das Kind Brücken, Häuser oder Fantasiewelten baut. Diese Freiheit im Spiel stärkt die Fähigkeit, neue Ideen zu entwickeln und innovative Lösungen zu finden.
Fantasie hilft nicht nur beim Spielen, sondern auch bei Herausforderungen im späteren Leben - in der Schule, im Beruf und im sozialen Umfeld.
Wie toll ist es, wenn so ein pfiffiger Daniel Düsentrieb clevere Geistesblitze hat und in der Lage ist, "out-off-the- box" zu denken!

Im Spiel des Kindes wird der Grundstein für Erfindungsreichtum und Lösungsorientierung gelegt.

Spaß am Ausprobieren

- Biete deinem Kind verschiedene Materialien an, so kann es experimentieren und selbst ausprobieren, was es daraus gestalten möchte.
Wie wäre es mit Knete oder Fundstücken aus der Natur, Steine, Zweige, Muscheln oder Kastanien?

- Lass dein Kind selbst entdecken, wie es die Materialien einsetzen möchte. Vermeide es, zu viele Vorschläge zu unterbreiten und gib ihm Zeit.

- Statt vorgefertigte Bastelsets zu kaufen, kannst du es zu eigenen Kreationen ermutigen.
Mit Schere, Eierkartons, Klebstoff und Farbe entstehen so Raumschiffe, Tiere oder Schlösser. Diese lustigen kleinen Kunstwerke können euer Zuhause schmücken und sind beliebt bei Großeltern und Tanten.

- Versucht euch auch mal im Instrumenbau!
Füllt Dosen mit verschiedenen Materialen, wie Reis, getrockneten Sonnenblumenkerne oder Erbsen - schon habt ihr eine Kinderrassel oder eine einfache Trommel!
Singt ein Lied und spielt dazu - fertig ist die Kapelle.

Meine Tochter liebte unser „Geräuschmemory". Wir haben kleine schwarze Fotorollendosen mit unterschiedlichen Materialien gefüllt. Es gab immer Pärchen, die - genau wie beim klassischen Memoryspiel - gefunden (gehört) werden konnten. Fangt mit wenigen Dosen an und steigert euch.

Kleine Köpfe finden kluge Wege

Spielen macht Spaß! Die Welt ist so groß, bunt und an jeder Ecke gibt es etwas Neues! Und doch stoßen Kinder beim Spiel auch immer wieder auf Herausforderungen. Wer kennt das nicht - die Eisenbahn fliegt aus der Kurve und dem kleinen Teddy rutscht die Hose? Das macht nix - ein neuer Versuch wird unternommen und weiter gehts!

Kinder dürfen Wege zu finden, um ihre Ideen umzusetzen oder auch Konflikte mit anderen Mitspielern zu lösen. Manchmal muss das Kind Frustration aushalten und lernen, sie zu überwinden. Auch diese Erfahrung gehört zum Wachsen und Größerwerden dazu. Die Kompetenz, Lösungen zu finden, auch wenn nicht alles beim ersten Mal gelingt, wächst. Mit kindlicher Neugier werden kleine Hürden spielerisch betrachtet und unkonventionelle Ideen ausprobiert. Einfach toll!

Lass deinem Kind Zeit, eigene Vorstellungen zu entwickeln. Greife deshalb nicht zu früh ins Geschehen ein und gib ihm die Chance, individuelle Lösungen weiter zu verfolgen. Oft können wir nur staunen, was ihm in seiner Unbefangenheit alles einfällt.

Den Horizont erweitern

- Karl (5) spielt im Garten und entdeckt eine kleine schlammige Pfütze. Seine Tierfiguren sollen nun ans andere Ufer gelangen. Er baut mit Ästen und Blättern eine Brücke, prüft, ob sie hält und verändert sie so lange, bis sie stabil bleibt.

- Fine mag ihr Memory (6) und Lene (3) ein Puzzle. Beide Spiele fördern das strategische Denken und die Geduld. Auch hier treffen die Kinder Entscheidungen, passen ihre Taktiken an und lernen, dass nicht alles beim ersten Versuch gelingt.

- Till (3) badet in der Badewanne. Er liebt das warme Wasser und den Schaum. Gern gießt er Wasser in bunte Becher und probiert aus, wie viel davon in die unterschiedlichen Größen hineinpasst.

Spielräume fürs Großwerden

Um das volle Potenzial des freien Spiels auszuschöpfen, braucht dein Kind sowohl Raum als auch Zeit. Schaffe günstige Spielbedingungen und mache ihm das Geschenk, dass es in manchen Stunden seinem eigenen Rhythmus folgen darf. Auch wenn so manche Spielaktivität für uns Erwachsene unstrukturiert erscheint, sind sie für ein Kind wertvoll.

🍀 Welche Spiele mochtest du als Kind? Wo hast du am liebsten gespielt? Was war für dich schön? Vielleicht inspirieren dich deine Antworten und du möchtest etwas davon für dein Kind übernehmen. Hier sind meine Anregungen.

Schaffe einen sicheren und einladenden Raum

Euer Zuhause sollte ein Ort sein, an dem sich dein Kind leicht bewegen und kreativ sein kann. Sorge dafür, dass genügend Platz für freies Spiel vorhanden ist – egal, ob im Kinderzimmer, im Wohnzimmer oder im Garten.

Damit sich das Kind geborgen fühlt, gestalte seinen Spielraum sicher, ruhig und geschützt.

Wenn alle über das Kind herübertreten, wird es immer wieder gestört und schwer ins Spiel finden.

Ideen für euer Zuhause

- Richte eine „Spielstation" ein, an der verschiedene Spiele wie Lego, kleine Autos, Puzzles oder Steckspiele griffbereit sind. Das ist sehr einladend, besonders, wenn du die Spiele ab und zu wechselst.

- Finde Materialien, die die Kreativität anregen, wie Eierkartons, Becher oder alte Zeitungen.

- Viele Kinder mögen es, sich zu verkleiden.
    - Stelle eine **Verkleidekiste** aus Tüchern und Kleidungsstücken zusammen.
    - Stöbere in deinem Kleiderschrank nach einem ausgedienten Pullover oder einer zu engen Hose. Oder hast du ausrangierte Schuhe und einen alten Hut? Bestimmt finden sich auch irgendwo eine Kette und Handschuhe.
    - Es dürfen wirklich alte Sachen sein, die keinen Anspruch auf Schönheit haben müssen.
    - Ich verspreche dir, dass dein Kind allein und auch mit seinen Freunden viel Spaß haben wird.

Theater
Mia (6), Janis (5) und Lea (6) sind heute zum Spielen verabredet. Die drei sitzen gespannt um Mias Verkleidekiste und entdecken sie kichernd. Darin sind bunte Tücher, ein Kleid, 2 Hüte, Stoff. Janis wird zum Piraten, Mia zur Prinzessin und Lea zum Drachen. Eifrig proben die 3 ein kleines Theaterstück. Als die Eltern zum Abholen kommen, führen sie mit roten Wangen und strahlenden Augen ihr improvisiertes Abenteuer auf und bekommen begeisterten Applaus.

Genauso gut kann das Spielen mit folgender Idee gelingen:

- Kinder lieben **Kartons**. Je größer, desto besser.
  - Wenn du das nächste Mal ein Paket bekommst, kannst du es ausprobieren.
  - Schnell wird aus der alten Pappe ein Bus, in dem alle Kuscheltiere mitfahren oder eine kleine Hütte, in der man vor dem Regen Schutz findet.
  - Leg noch ein Sofakissen und eine Decke dazu, schon kann die Reise losgehen. Der Fantasie sind wie immer keine Grenzen gesetzt!

Kapitän Tom
Der Regen prasselt gegen das Fenster. Tom (4) langweilt sich und ist enttäuscht, weil sein Freund krank im Bett liegt und heute nicht, wie verabredet, zum Spielen kommen kann.

Da klingelt es an der Tür, und die Mutter nimmt ein großes Paket entgegen. Kaum steht der leere Karton im Zimmer, verwandelt es Tom in ein Schiff. Die Kuscheltiere werden seine Matrosen und ein Schirm dient als Segel. Das Wohnzimmer ist der weite blaue Ozean, die Zeitung die Karte, Tom hat das Kommando – und schon geht es auf große Schatzsuche. Die Zeit verfliegt im Nu.

Lass deinem Kind Zeit und begleite es unbemerkt

Beim freien Spiel solltest du deinem Kind Ruhe gönnen und nur eine unauffällige Beobachterrolle einnehmen. Leite es weder an noch korrigiere es. So wird dein Kind nach und nach in seinem Tempo und mit eigenen Ideen spielen.

Wenn es Momente gibt, in denen du eingreifen musst (z. B. wenn das Kind sich in Gefahr begibt oder das Spiel in eine destruktive Richtung geht), bist du zur Stelle. Solange das Kleine aber ruhig spielt, gönne ihm oder ihr das Versunkensein.

Der Turm
Noah (5) baut im Wohnzimmer einen hohen Turm aus bunten Klötzchen. Doch plötzlich kippt er um und die Steine kullern über den Teppich. "Gleich nochmal" sagt Noah und versucht es erneut. Caro (29) schaut zu und lässt ihren Sohn probieren. Wieder bricht der Turm zusammen und Noah ist enttäuscht. Da fragt sie ihn: „Was meinst du, welche Steine halten den Turm unten stabil?" Noah überlegt kurz, wählt dann sorgfältig die größten Steine und baut ein breites Fundament.
Stolz strahlt er, als der Turm endlich standhält.

Ohne einzugreifen beobachtet Caro und gibt nur einen kleinen Denkanstoß. Noah findet so eigenständig heraus, welche Steine den Turm stabilisieren, und erlebt, wie gut es sich anfühlt, selbst eine Lösung zu entdecken.

Plane Freiräume im Alltag ein

In einem oft vollen Tagesablauf kann es mitunter schwer sein, Zeit für freies Spielen zu finden. Mit Verabredungen, Terminen, Tanzkurs und Sport ist der Tag meist schon sehr gefüllt.
Um trotz allem Muße zu haben, empfehle ich dir, Zeitfenster freizuhalten, in denen dein Kind einfach nur spielen darf. Diese Zeiten sind genauso wichtig wie ein Besuch, eine Aktivitäten oder das Erledigen von Aufgaben.
Natürlich kommt es mal vor, dass du freie Zeit reservierst, dein Kind dann lustlos ist und keine Einfälle hat. Es weiß nicht, womit und was es spielen kann, nörgelt und ist schlecht gelaunt.

Und ja, ein Kind darf sich auch einmal langweilen. Genau daraus entstehen nämlich oft die kreativsten Einfälle! Denn Langeweile ist kein Mangel - sie ist eine Einladung an die Fantasie. Wenn Kinder Freiräume bekommen, wächst oft etwas ganz Eigenes, ein neuer Gedanke oder ein neues Spiel.

Tipp
Lass deinem Kind genügend Zeit, um selbst aktiv zu werden und vermeide es mit gutem Gewissen, immer für Unterhaltung zu sorgen.

Sei ein gutes Vorbild

Zeige deinem Kind, was dir gefällt oder womit du dich gern beschäftigst.
Wenn du gern malst oder bastelst, kannst du es in den kreativen Prozess einbeziehen und damit deine eigene Freude am Gestalten mit ihm teilen.

Das neue Kleid
Marlene (31) näht mit der Nähmaschine ein Sommerkleidchen für ihre Tochter Sarah (5). Sarah schaut neugierig zu und möchte am liebsten auch an der Maschine arbeiten. Marlene lächelt, schüttelt leicht den Kopf – „Die Nähmaschine ist noch zu gefährlich für dich", sagt sie. Stattdessen gibt sie Sarah bunte Perlen. Diese fädelt sie zu einer hübschen Kette auf. Dazu darf sie mit den Stoffresten ihren Teddy „einkleiden". Am Abend ist das neue Kleid fertig und eine feine Kette dazu.

Tipp
Wenn ihr zusammen etwas gestaltet oder spielt, wählt Dinge aus, die auch dir Freude machen. Dein Kind merkt, wenn du vom hundersten Mal „Lauf, kleine Schnecke" müde wirst. Es spürt aber genauso, wenn du dich fürs Kasperletheater oder Malen begeisterst.

Im Reich der bunten Feen und kleinen Könige

Es ist etwas Großartiges, wenn Kinder Abenteuer selbst erleben dürfen. Und es stimmt uns traurig, wenn sie nur in kleinen Trickfilmen am Handy zuschauen, wie andere magische Kräfte haben und stolz durch fantastische Welten streifen.
Deshalb: Lass dein Kind spüren, dass auch in ihm eine Heldin oder ein Held steckt.
Erlaube ihm - und zwar nicht nur zur Faschingszeit - eine liebliche Prinzessin, ein mächtiger Zauberer oder ein starker Ritter zu sein. Kinder brauchen dafür wenig, eine kleine Pappkrone und eine alte Gardine ergeben ein vollständiges, majestätisches Outfit. Und der Besen steht schon angebunden als Pferd bereit.
Lass es mit dem Wäschekorb als Rakete zum Mond fliegen und eine leere Toilettenpapierrolle ist das Fernrohr. Ein Kochlöffel wird zum Zauberstab, ein Stuhl zur Ritterburg und die Badewanne zum Boot. Ob auf Schatzsuche im Garten, als Elfe im Wohnzimmer oder beim Picknick unter dem Tisch – die besten Abenteuer beginnen oft mitten im Alltag.

Kinder erfinden sich ihre Welt – und wir dürfen uns staunend von ihrer Fantasie verzaubern lassen.

Zusammenfassung

Spielen ist ein wichtiger Baustein für die ganzheitliche Entwicklung von Kindern.

- Freies Spiel fördert sowohl Kreativität als auch Problemlösungsfähigkeiten und ist gleichzeitig ein wichtiger Motor für die soziale und emotionale Entfaltung eines Kindes.
- Durch freies, eigenständiges Spielen werden sie selbstbewusst, leben ihre Neugier aus und entwickeln Fantasie.

Tipps zur Förderung des freien Spiels

- Gönne deinem Kind zeitliche Freiräume. So kann es lernen, mit sich allein zu spielen.
- Gib ihm altersgerechte Materialien und genügend Raum, um sich kreativ entfalten zu können.
- Zeige ihm durch dein Verhalten, wie wertvoll seine eigene Ideen sind.
- Mache deinem Kind das Geschenk, spielerische Abenteuer selber erleben zu dürfen.

Zuhause. Freunde.
Miteinander.
Verbunden aufwachsen.

Das erwartet dich in diesem Kapitel

- Starke Bande - starke Kinder
- Familie als Fundament
- Die erweiterte Familie
- Freunde - Spiegel, Stütze und Schatz
- Chaos und Kompromisse – Kinder im Konflikt
- Miteinander leben – voneinander lernen
- Kenne deinen Kurs und lenke euer Familienschiff

Starke Bande – starke Kinder

Im ersten Kapitel ging es darum, deinem Kind eine sichere Bindung und Geborgenheit zu schenken – das Fundament, auf dem es Vertrauen in sich selbst und in seine Welt entwickeln kann.
Nun schauen wir darauf, wie es mit diesem starken Rückhalt neugierig nach außen blicken und seinen Kreis erweitern kann – über die Kernfamilie hinaus, zu Großeltern, Freunden und anderen wichtigen Menschen in seinem Leben.

Kinder sind von Natur aus soziale Wesen. In stabilen Beziehungen lernen sie, gut miteinander umzugehen und Konflikte zu lösen. Wenn wir es ihnen vorleben, entwickeln sie Empathie, Respekt und Rücksicht. Diese erlernten Fähigkeiten werden sie ein Leben lang begleiten und machen ein harmonisches Zusammenleben möglich.

Als Mutter bist du ein wichtiges Vorbild: Durch liebevolle Begleitung und gleichzeitig gelebte Selbstfürsorge zeigst du deinem Kind, dass das Achten auf andere und auf sich selbst zusammengehören. Es darf spüren, wie erfüllte Beziehungen funktionieren.
So kann es voller Zuversicht die Entdeckungsreise in sein Leben antreten, es darf wachsen und gedeihen.

Familie als Fundament

Die Kernfamilie bildet den ersten und wichtigsten sozialen Kreis für ein Kind. Hier lernt es, was es bedeutet, sich geliebt und respektiert zu fühlen.
Starke Familienbindungen helfen ihm, ein gesundes Selbstwertgefühl zu entwickeln und lassen es Zugehörigkeit erfahren.
Wenn du deinem Kind Liebe, Aufmerksamkeit und Sicherheit schenkst, wird es lernen, selbst stabile und gesunde Beziehungen im weiteren Leben zu führen.
Bei allem, was ihr in freundlicher Stimmung zusammen tut, spürt es eure familiäre Verbundenheit.

Folgende 2 Dinge zeigen deinem Kind auch ohne Worte, dass es in Nähe geborgen ist. Es darf sich zugehörig fühlen - das macht es stark und widerstandsfähig.

Gemeinsame Mahlzeiten

Regelmäßige gemeinsame Mahlzeiten sind eine wunderbare Möglichkeit, Zeit miteinander zu verbringen. So wird eure Familienbindung ganz automatisch und selbstverständlich gestärkt. Sich auszutauschen, Erlebnisse zu berichten und auch die kleinen Erfolge des Tages zu feiern, zeigen ihm: "Wir teilen und gehören zusammen!".

Familientraditionen

Diese sind liebevoll gepflegte Bräuche, die über Jahre bestehen bleiben, sogar von Generation zu Generation weitergegeben werden und Kindern das Gefühl geben, Teil einer vertrauten Gemeinschaft zu sein. Sie sind etwas ganz Individuelles und heben sich von anderen Familien ab.

Der geerbte Osterschmuck, der jedes Jahr den Strauch schmückt, eine kleine Eisenbahn, die zum Geburtstag die Kerzen trägt oder das Weihnachtsessen, dass „schon immer" so zubereitet wird - all das sind Dinge, die von Liebe und Verlässlichkeit erzählen und die uns unsichtbar tragen.

Sie unterstützen dein Kind dabei, Zeit und Wandel zu begreifen und bedeutsame Momente aufmerksam und bewusst zu erleben.

Schneeglöckchen

Jedes Jahr, wenn am Ende des Winters der Schnee taut, zieht Marie (35) mit Emil (7) los, um im Park die ersten Schneeglöckchen zu finden. Als sie ein kleines Mädchen war, hat sie mit ihrer Mutter im Garten nach den ersten zarten Frühblühern gesucht. Sie waren immer so fröhlich, wenn der Frühling Einzug hielt. Daran erinnert sich Marie gern und möchte diese schöne Tradition an ihren Sohn weitergeben.

Die erweiterte Familie

Zu den Eltern des Kindes gesellen sich selbstverständlich auch Großeltern und Verwandte - Onkel, Tanten, Cousins und Cousinen. Auch ihnen kann es nah sein und mit ihnen erlebt es Gemeinschaft. So wird der kleine familiäre Kreis erweitert und das Kind lernt die Farbigkeit der (Groß-)Familie und des Lebens kennen. Klar, manches Zusammensein ist eher schräg als leicht und es sind Kompromisse und Geduld gefragt, aber all diese Begegnungen weiten den Horizont des Kindes und machen Familie aus. So könnt ihr zusammenhalten:

- Malt und schreibt eine Geburtstagskarte an den lieben älteren Onkel oder die lustige Tante.
- Lade mal wieder deine Cousinen und Cousins, die du lange nicht gesehen hast, zu euch ein.
- Nimm dein Kind auch zu einem „langweiligen Kaffeeklatsch" bei Omas besten Freundinnen mit.
- Veranstaltet ein Familienfest.

Wurzeln und jede Menge Geschichten
Bei einem Familientreffen fragte mich meine Tochter (damals 6): „Mama, sind wir mit all diesen vielen Leuten hier verwandt?" So erstaunlich es ist, ja genau das waren wir! Wir spürten trotz aller Unterschiede die Verbundenheit beim Erzählen und Spiel.

Freunde – Spiegel, Stütze und Schatz

„Ein Freund, ein guter Freund..." - weißt du, wie das Lied weitergeht? Genau, „...das ist das Schönste, was es gibt auf der Welt!" Für alle Menschen gilt: Freundschaften machen unser Dasein heller und schöner.

Im Leben deines Kindes spielen Freundinnen und Freunde mit Sicherheit eine ganz wichtige und zentrale Rolle. Ob im Kindergarten, auf dem Spielplatz oder später in der Schule - in der Begegnung mit Gleichaltrigen erlebt dein Kind Freude, Spaß und Abwechslung. Es wird gespielt, getobt, gelacht und mancher Streich ausgeheckt. Dass unter Freunden nicht immer alles glatt läuft, erfährt dein Kind aber auch. Manchmal gibt Streit und Konflikte. Das tut ihm weh und ist enttäuschend. Leider gehören auch diese Momente zu unserem Alltag dazu und mit deiner Begleitung wird dein Kind lernen, gut damit umzugehen.

Freundschaften sind der Raum, in dem Kinder und Erwachsene üben, wie man Beziehungen aufbaut, pflegt und manchmal wieder loslässt. In diesem Prozeß lernt man, Verbindungen zu gestalten – mit all den schönen, aber auch herausfordernden Momenten.

In allen Interaktionen mit Gleichaltrigen entwickeln Kinder wertvolle Fähigkeiten.
Wie die folgenden kleinen Alltagsszenen zeigen, lernen sie zu teilen und abzuwarten, Kompromisse zu schließen, aber auch Konflikte zu lösen.

Lina (5) steht unsicher am Rand des Schwimmbeckens. Sie möchte springen, traut sich aber nicht allein. Ihr Freund Tom (6) lächelt sie an und sagt: „Komm, wir machen es zusammen." Hand in Hand springen sie ins Wasser und tauchen prustend wieder auf. Lina ruft strahlend: „Mit dir macht alles doppelt so viel Spaß!"

Lukas (7) packt sein Pausenbrot aus, doch sein Freund Sven (7) hat seins zu Hause vergessen. Als Lukas hört, wie laut Svens Magen knurrt, bricht er ohne zu zögern sein Sandwich in zwei Hälten. „Lass uns einfach teilen" sagt er. Sie lächeln sich an, Sven antwortet: „Du bist ein echt guter Freund!"

Auf dem Hof wollen Otto (6) und Kai (7) beide Torwart sein. „Ich will ins Tor!" ruft Kai. „Aber ich auch!" entgegnet Otto. Nach kurzem Hin und Her schlägt Kai vor: „Wir wechseln einfach nach jedem Tor ab." Otto klatscht in die Hände: „Super Idee – dann ist es fair!" Schon laufen die beiden lachend los.

Chaos und Kompromisse – Kinder im Konflikt

Bisher haben wir gesehen, wie wichtig stabile Bindungen, Freundschaften und Werte für Kinder sind – die positive Seite des sozialen Miteinanders.
Doch so harmonisch das klingt, im Alltag läuft es oft ganz anders. Streit, Geschrei, Tränen oder gar Rangeleien gehören dazu – gerade beim Spielen und Teilen. Machtkämpfe und Konflikte zwischen Kindern können laut, chaotisch und für uns Erwachsene schwer auszuhalten und richtig anstrengend sein.

Die große Schwester reißt dem kleinen Bruder die Schere aus der Hand, ein Kind beschimpft das andere, zwei streiten sich um ein Auto, ein Spielzeug fliegt durch den Raum, weil keiner nachgeben will. Und dann sitzt ein Kind beleidigt in der Ecke, während das andere lautstark protestiert.
Die verschiedensten Temperamente prallen aufeinander: Während ein Kind schreit, weint das andere, eins zieht sich wütend zurück, das nächste haut – das sind Beispiele zur Genüge - du kennst sie wahrscheinlich alle. Wieso diese Streitereien? Du gibst du dir als Mutter doch so viel Mühe, dass alles fair abläuft, achtest auf gleiche Chancen, tröstest, schlichtest und lenkst ab.

Dennoch endet die Spielverabredung mit Frust. Du bist erschöpft und die Kinder sind es auch. Da fragst du dich als vernunftbegabter Mensch, wozu das gut sein soll und wieso dieses Chaos herrscht, oder?
Ist das noch normal?
Absolut.
Denn in diesen Momenten lernen Kinder besonders viel: ihre Bedürfnisse zu äußern, Grenzen zu erkennen und auf andere zu achten. Mit deiner Begleitung entdecken sie Wege, wie man Konflikte löst und Kompromisse eingeht. Sie lernen in ganz kleinen Schritten, sich in ihr Gegenüber hineinzuversetzen und deren Meinung zu akzeptieren und vielleicht sogar zu verstehen.

Auch wenn es turbulent und manchmal laut zugeht, stärkt genau dieses Üben die sozialen Fähigkeiten, das Selbstvertrauen und die innere Stärke der Kinder.

Zeige ihnen, wie man auch in Konflikten respektvoll miteinander redet und umgeht.
Ein Beispiel wäre: „Es ist in Ordnung, wenn ihr unterschiedlicher Meinung seid. Aber wichtig ist, dass ihr nach einem Streit wieder miteinander sprecht und euch entschuldigt, wenn ihr euch wehgetan habt."
Das ist ein anstrengender und meist langwieriger Prozeß, aber er lohnt sich!

So förderst du Freundschaften

Manche Freundschaften entstehen ganz von allein. Kaum haben sich die Kinder gesehen, springen sie zusammen auf dem Trampolin, lachen und laufen Hand in Hand durch den Garten. Sie sind kontaktfreudig und aufgeschlossen. Mit ihrer Offenheit fällt es ihnen leicht, neue Verbindungen zu knüpfen.
Und dann gibt es Kinder, die zaghaft beobachten und erst nach ein paar Begegnungen Vertrauen fassen. Sie brauchen Zeit, Ermutigung und Gelegenheiten, um eine Freundschaft wachsen zu lassen. Gerade wenn dein Kind zurückhaltend oder schüchtern ist, profitiert es in dieser Situation von deinem Zutrauen und deiner behutsamen Unterstützung.
Sanftere Kinder sind oft treue Freunde einer einzelnen Person, während muntere Zeitgenossen leicht mit mehreren Spielfreunden in Kontakt kommen und in verschiedenen Gruppen Freundschaften knüpfen.

Tipps
- Ermutige dein Kind, Freundschaften aufzubauen und zu pflegen. Unterstütze es dabei, positive Verhaltensweisen einzuüben.

- Zeige ihm, wie man teilt und Kompromisse eingeht.

- Bestärke dein Kind darin, anderen zu helfen, denn dadurch lernt es, Empathie und Fürsorglichkeit zu entwickeln.
- Vertraue du selbst darauf, dass es in der Lage ist, Freunde zu finden, auch, wenn es seine Zeit dauert, wie die nächste Geschichte zeigt.

Der Schirm
Aaron (6) und Sarah (7) gehen in die gleiche Klasse und haben denselben Schulweg. Am Anfang laufen sie still nebeneinander her, vorsichtig und zurückhaltend. Nach einigen Tagen ergeben sich kleine Gespräche. Als es eines Morgens plötzlich zu regnen beginnt, spannt Aaron seinen Schirm auf und sagt: „Komm, wir passen beide darunter".
Sarah nickt und sie lächeln sich an. Das Eis ist gebrochen und die beiden verabreden sich für den Nachmittag.

Tipp
Ermögliche deinem Kind regelmäßige Treffen mit Freunden – sei es im Park, bei euch zu Hause oder bei anderen. Lass es selbst entscheiden, wen es einladen möchte und was es mit den Gästen spielen möchte.
Probiert aus, wie lange dieses Miteinander passend und angenehm für alle Beteiligten ist.

Es gibt Kinder, die sich am liebsten jeden Tag verabreden würden, da ist es wichtig, dass du gut auf euch achtgibst. Als Erwachsene liegt es in deiner Verantwortung, den zeitlichen Rahmen zu setzen und die Regeln vorzugeben. Besonders wenn dein Kind eher introvertiert ist, braucht es Zeit und Raum, um die Ereignisse in Kita und Schule verarbeiten zu können. Finde deshalb ein gesundes Gleichgewicht zwischen Spieltreffen und den wertvollen Stunden, in denen es sich auch allein beschäftigen darf.

Überlege, ob vielleicht ein „Freundetag" für euch sinnvoll ist. Welcher Wochentag würde dir passen? Kannst du dich mit den Eltern des befreundeten Kindes abwechseln oder habt ihr Lust, zusammen zu sein?

Wenn du mehrere Kinder hast, kann ein Besuchskind schnell die gewohnte Balance durcheinanderbringen. Plötzlich fühlt sich das Geschwisterkind ausgeschlossen, wird eifersüchtig oder stört das Spiel. Was du dir als harmonischen Nachmittag vorgestellt hast, endet im Trubel. Damit alle heil durch diese Situation kommen, hilft es, vorbereitet zu sein – etwa mit einer kleinen Alternative oder einer besonderen Beschäftigung für dein zweites (oder drittes) Kind.

Miteinander leben – voneinander lernen

Die Zugehörigkeit zu einer Gemeinschaft – sei es eine Hausgemeinschaft, ein soziales Netzwerk oder eine andere Gruppe – ist ebenfalls ein wichtiger Bestandteil des sozialen Lernens. Es gibt viele verschiedene Formen, in denen Verbindung erlebt werden kann, und jede Familie findet ihren eigenen Weg. Die folgenden Gedanken sollen dir lediglich als Anregung dienen, um herauszufinden, was für euch stimmig ist. Denn entscheidend ist nicht die Form, sondern das Gefühl, Teil von etwas Größerem zu sein – das stärkt Sicherheit, Zusammenhalt und Teamgeist.

Engagement in der Gemeinschaft

Ob Nachbarschaftsaktion, Spendenlauf oder Benefizveranstaltung – gemeinsame Erlebnisse zeigen Kindern, was ein Miteinander bedeutet.

Wenn ihr bei einer Aktion mithelft, Kuchen verkauft, Müll sammelt oder einfach anpackt, spüren sie, dass sie mit ihrem Tun etwas bewirken können. Sie lernen durch Beobachten und Mitmachen, wie wichtig es ist, sich für das Wohl anderer einzusetzen. So entsteht auf natürliche Weise ein Gefühl von Verantwortung, Mitgefühl und Teilhabe.

Projekte oder Feste

Bei gemeinsamen Aktionen im Schulgarten, bei Festen oder dem Basteln für den Adventsbasar erfahren Kinder, wie schön es ist, etwas zusammen zu erschaffen.

Vielleicht habt ihr Lust ein Nachbarschaftspicknick zu organisieren, einen kleinen Bücherflohmarkt zu starten oder eine Pflanzaktion im Hof ins Leben zu rufen? Nur Mut!

Aktiv im Sportverein

Wenn du regelmäßig zum Training gehst oder bei einem Wettkampf dabei bist, erfährt dein Kind, dass dein Hobby dir wichtig ist und gut tut. Es sieht, wie du mit anderen gemeinsam ein Ziel verfolgst, dich engagierst und dabei Freude hast.

Du zeigst ihm, wie wertvoll es ist, sich selbst zu fordern, dranzubleiben und dabei erfüllt zu sein. Ganz nebenbei vermittelst du, dass Bewegung zum Leben dazugehört – nicht als Pflicht, nicht als Muss, sondern als Teil von vitaler Lebensfreude und innerem Gleichgewicht. Werte, die auch im Familienalltag bedeutsam sind, wie Fairness, Durchhaltevermögen und gegenseitige Unterstützung, lebst du deinem Kind aktiv vor.

Sei dem Kind das Vorbild, das du (vielleicht) gerne gehabt hättest.

Das Vorbild
Niklas (5) lehnt sich hinter dem roten Absperrband vor und beobachtet gespannt, wie Beate (28) Runde für Runde beim Spendenlauf durchhält. Er erkennt, wie viel Kraft sie investiert und wie fokussiert sie bleibt. Als der Lauf endet, applaudieren alle gemeinsam für die Teilnehmenden. Niklas erfährt: Mit Ausdauer und Einsatz kann man Gutes und anderen helfen - seine Mama ist für ihn die Größte.

Singen im Chor

Wenn du Freude daran hast, in einem Chor mitzusingen, ist es wunderbar, wenn dich dein Kind bei einem Auftritt oder Konzert erleben darf. Einen kleinen Fan in der ersten Reihe zu haben, ist auch für dich motivierend und erfreulich! Dein Kind sieht, wie du Teil einer harmonischen Gruppe bist, auf andere achtest und wie ihr gemeinsam etwas Klangschönes erschafft - denn Chorsingen ist echte Teamarbeit!
Es erfährt ganz nah, wie Ausdauer, Rücksichtnahme und Zusammenhalt eine Gemeinschaft stärkt. Gleichzeitig weckst du seine Neugier für Musik, denn Kinder lieben es, die Eltern nachzuahmen.

Tipps für die Stärkung sozialer Kompetenzen

- Sprich mit deinem Kind regelmäßig über Werte und ethische Themen, wie Gerechtigkeit, Ehrlichkeit und Verantwortung. Finde kindliche Formulierungen und verbinde diese Gespräche mit konkreten Beispielen aus eurem Alltag, dass man Rücksicht auf Schwächere nimmt und etwas, was einem nicht gehört, zurückgibt.

- Lass dein Kind sehen, wie du selbst aktiv in der Gesellschaft bist – sei es durch Engagement in einem Verein, das Pflegen von freundschaftlichen Beziehungen oder Nachbarschaftshilfe. Der alten Dame die Tasche zu tragen, ist das simpelste Zeichen.

- Lebe vor, was für dich bedeutsam ist.
  Als Elternteil bist du das wichtigste Vorbild für dein Kind, wenn es um soziales Verhalten geht. Es beobachtet und ahmt nach, wie du mit deinen Mitmenschen umgehst.

- Indem du selbst respektvoll, fürsorglich und empathisch handelst, gibst du deinem Kind die Werkzeuge an die Hand, um ähnliche Verhaltensweisen zu entwickeln.

Wertschätzung leben, Respekt zeigen

Im täglichen Miteinander beobachtet dein Kind genau, wie du mit anderen sprichst – mit deinem Partner, mit Kollegen oder im Laden mit dem Kassierenden. Spürt es, dass du freundlich, achtsam und respektvoll mit Menschen umgehst, wird es dieses Verhalten oft ganz selbstverständlich übernehmen. Auch in schwierigen Momenten: Wenn du ruhig bleibst und sachlich bist, lernt es, dass man Konflikte lösen kann, ohne laut zu werden. Es erfährt, dass man in manchen Punkten unterschiedlicher Meinung sein kann und dass dies ok ist: Du siehst das du so und ich sehe das anders.

Respekt ist die Basis für ein harmonisches Zusammensein, das von Toleranz und Kooperation geprägt ist. Lebe deiner Tochter oder deinem Sohn vor, wie man anderen mit scheinbar kleinen Gesten begegnet - durch Zuhören, Ausredenlassen und höflich sein.
Sie lernen so, dass jeder Mensch einzigartig ist – ganz gleich, wie alt er ist und wo er herkommt.

Positive alltägliche Zeichen formen eine wertschätzende Gemeinschaft und sind ein Schlüssel für ein gelingendes Zusammenleben in unserer Gesellschaft.

Kenne deinen Kurs und lenke euer Familienschiff

Du hast nun viele Ideen und Anregungen bekommen, die dich dabei unterstützen und bestärken, ein positives Umfeld für dein Kind zu schaffen. Mit ihnen wird es gesund und behütet aufwachsen, eine freudvolle und glücksbringende Kindheit erleben.

Einer der wichtigen Faktoren ist, dass du selbst spürst und weißt: Du als Mutter - und ihr als Eltern - haltet das Ruder eures Familenbootes fest in der Hand. Auch wenn es einmal stürmisch wird, steuert ihr souverän durch die Wellen des Familienlebens. Oft scheint die Sonne, ab und zu gibt es Seegang. Und ja - meist bist du Kapitänin an Bord, aber wenn zu sehr wackelt, ist es wundervoll, einen Lotsen an deiner Seite zu wissen - in Gestalt einer Freundin, Mentorin oder Beraterin.

 Der entscheidende Punkt ist, dass du deinen Kurs kennst. Denke darüber nach und schreibe auf:
- Was ist dir wichtig?
- Welche Werte möchtest du leben?
- Welche Bedürfnisse habt ihr und hast du?

Mit diesen Antworten geht die Reise weiter! Schiff ahoi!

Zusammenfassung

- **Soziale Bindungen sind das Herzstück einer gesunden kindlichen Entwicklung.**
Sie geben deinem Kind emotionale Sicherheit, fördern seine Fähigkeit zur Empathie und helfen ihm, sich in unserer Welt zurechtzufinden.

- **Die Familie bildet die erste sichere Grundlage.**
Mit dieser Basis kann dein Kind Beziehungen zu anderen Menschen aufbauen. In der Geborgenheit der Familie erfährt dein Kind, Vertrauen, Nähe und Verlässlichkeit.

- **Mit Freunden lernt dein Kind, wie man gut miteinander umgeht.**
Im Spiel mit Gleichaltrigen übt es, Rücksicht zu nehmen, Konflikte zu lösen und mit verschiedenen Persönlichkeiten zusammenzusein.

- **Teil einer Gemeinschaft zu sein, stärkt das Gefühl von Verbundenheit .**
  Ob im Sportverein, in der Kita oder bei anderen Gruppenaktivitäten – dein Kind erlebt, dass es Teil eines größeren Ganzen ist, seinen Platz hat und auch seinen kleinen Beitrag leisten kann.

- **Du bist das wichtigste Vorbild für dein Kind.**
  Durch dein eigenes Verhalten zeigst du ihm, wie stabile und respektvolle Beziehungen aussehen. Es wird dein Handeln beobachten und nachahmen – so lernt es, wie man achtsam, freundlich und wertschätzend miteinander umgeht.

Und im nächsten Kapitel dreht sich alles um die Familie. Vielleicht habt ihr Lust, es gemeinsam zu lesen?

III

FAMILIE

Gemeinsam gestalten.

Familie – lebendig und bunt

Familie – das ist ein Ort voller Nähe, Lachen und kleiner Alltagsstürme. Hier treffen die Wünsche der Großen auf die Bedürfnisse der Kleinen, hier fließen Gewohnheiten, Aufgaben und Gefühle zu einem großen Ganzen zusammen. Dieses Kapitel lädt dich ein, zu entdecken, wie all das ausgewogen miteinander wirken kann.

Damit du als dich als Mutter nicht selbst verlierst, sondern in deiner Mitte bleibst und aus deiner Kraft heraus handelst, ging es im ersten Teil darum, wie du deine eigene Stärke, Selbstwirksamkeit und Balance leben kannst.
Im zweiten Teil stand das Kind im Mittelpunkt: wie es wachsen, sich entfalten, lernen und sich sicher geborgen fühlen darf – getragen von Liebe, Wertschätzung und freundlicher Klarheit.

Hier im dritten Teil nun, richtet sich unser Blick auf das **WIR**.
Darauf, wie all das im Zusammenspiel gelingt – im echten, bunten, manchmal turbulenten Familienalltag. Es geht um Nähe und Freiraum, um kleine Rituale und große Herausforderungen, um Leichtigkeit, Verantwortung und Zusammenhalt.

Familie ist so vielfältig wie das Leben selbst.
Dabei ist es gleichwertig, ob dein Kind in einer klassischen Familie mit Mutter und Vater aufwächst, ob du alleinerziehend bist oder ob zwei Mütter oder zwei Väter das Zuhause bilden – entscheidend ist das, was euch verbindet: Liebe, Vertrauen, Humor und gegenseitiger Respekt.

Dieser Teil lädt euch ein, den Familienalltag mit neuer Klarheit und Herzenswärme zu gestalten. Er zeigt Wege, wie Struktur und Spontanität, Nähe und Freiheit, Ich-Zeit und Wir-Zeit miteinander in Einklang kommen können.

Familie ist kein perfektes Bild, sondern ein lebendiges Abenteuer. In all den kleinen Augenblicken – beim gemeinsamen Frühstück, beim Spielen, beim friedlichen Ausklingen des Tages – liegt eine Kraft, die euch lebendig, herzlich und stark macht.

Je bewusster ihr Nähe, Freiheit, Verantwortung und Leichtigkeit miteinander verbinden könnt, desto reicher, bunter und erfüllender wird euer gemeinsames Leben.

1

> Klarheit. Wärme.
> Wie gute Strukturen
> Stabilität bringen.

Das erwartet dich in diesem Kapitel

- Familie - lebendig und bunt
- Alltag mit mehr Leichtigkeit
- Sortiere dein Elternleben
- Übung - Erkennen, wie viel Struktur ihr lebt
- Ein gelassener Start in den Tag
- Entspannte Nachmittags- und Abendabläufe

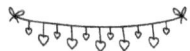

Alltag mit mehr Leichtigkeit

Ihr wünscht euch einen harmonischen und mühelos fließenden Alltag, stimmt's? Entspannt soll es zugehen und ohne Stress und Streit.
Die Realität fühlt sich aber oft ganz anders an - und vielleicht seid ihr gerade an einem Punkt, an dem ihr Impulse, Tipps und ein bisschen Orientierung gut gebrauchen könnt. Ihr wollt wissen, wie ihr mehr Leichtigkeit ins Leben bringt, wie ihr als Team zusammenwachst. Und wie ihr euren Familienrhythmus so gestaltet, dass er zu euch passt – egal, wie euer Familienmodell aussieht.

Das A und O in einer Familie sind gute Gewohnheiten und sinnvolle Routinen.
Sie geben Struktur, bringen Orientierung und machen vieles leichter. Dieses unsichtbare Netz trägt euch zuverlässig durch den Alltag.
Ein Kind fühlt sich wohl, wenn es den Tagesablauf kennt, es ist gehalten und geborgen. Und für die Eltern bedeutet ein klarer Rhythmus mehr Ruhe und Beständigkeit. Wenn jeder weiß, was wann passiert, entstehen weniger Missverständnisse. Tränen und Diskussionen lassen sich so oft vermeiden. Mit diesem grundlegenden Baustein sorgt ihr dafür, dass euer Familienalltag ausgeglichener wird und entspannter gelingt.

Mit klaren Abläufen ist es wie beim Tauziehen, ihr steht auf der gleichen Seite des Seils und zieht in dieselbe Richtung. So schafft ihr gegenseitiges Vertrauen und das starke Gefühl von Zusammenhalt.

Stellt euch den Tag wie eine Reise mit der Bahn vor: Ihr habt einen Fahrplan und wisst, dass ihr öfter umsteigen werdet. Ihr seid informiert, an welchem Bahnhof, auf welchem Gleis der nächste Zug wartet. Diese Infos entspannen euch und ihr holt gemütlich einen Tee aus dem Bordbistro. Doch dann kommt eine Verspätung dazu, es wird hektisch, ihr haltet die Koffer fest in der Hand und flitzt zum Anschluß. So geht das mehrmals hintereinander. Ruhig geht anders, aber am Ende des Tages kommt ihr doch heil
und etwas zerzaust an eurem Ziel an.
Zum Glück wusstet ihr die Richtung, in die ihr wolltet, zum Glück konntet ihr euch Infos vom Schaffner holen, zum Glück habt ihr die Flinte nicht ins Korn geworfen und seid umgekehrt - denn der Urlaub wird fantastisch.

Euer Fahrplan in der Familie besteht aus Routinen, die Orientierung und Ruhe schenken. Mit dieser Grundlage könnt sofort umschalten, wenn sich das Gleis ändert. So bleibt ihr auf Kurs - mit Herz und Gelassenheit, bereit und flexibel, jede neue Wendung zusammen zu meistern.

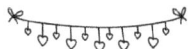

Stellt euch Routinen weder starr noch langweilig vor. Ihr dürft sie spielerisch und individuell für euch maßschneidern. Und dabei helfen euch 2 einfache **Grundregeln:**

1. Routinen bestehen aus **wiederkehrenden Schritten**, die ohne großen Aufwand zur Gewohnheit werden.
2. Sie sind klar, einfach und haben das Potenzial, euch den **Alltag** spürbar zu **erleichtern**.

Kleine Schritte - große Wirkung
Bei Kati (31) und ihrem Sohn Benjamin (4) war jeder Tag ein kleines Abenteuer – oft unplanbar, manchmal stressig. Ständig war etwas los - mit viel Liebe , aber auch mit viel Durcheinander. Die Abende endeten nicht selten mit Tränen.
Kati wollte das ändern und besuchte für 4 Stunden ein Coaching. Danach begann sie, kleine Rituale in ihr gemeinsames Leben einzubauen: einen Kakao nach dem Kindergarten, eine kurze Aufräumzeit, bevor das Abendessen vorbereitet wird, und immer nach dem Zähneputzen gab es eine Gute-Nacht-Geschichte.
Diese einfachen Abläufe wirkten. Benjamin wurde ausgeglichener und wusste, woran er war. Und Kati merkte, dass ihr Alltag ruhiger wurde und bekam das Gefühl, ihn zu lenken. Die neuen Routinen gaben beiden Halt.

Sortiert euren Elternalltag

Worte wie Sortieren und Ordnung klingen für uns, die wir nach Freiheit und Selbstbestimmung streben, schnell nach einem engen Korsett oder nach alten Mustern. Mag schon sein - aber das ist hier nicht gemeint! Stattdessen lasst uns euren Alltag einmal richtig durchleuchten. Schaut ihn euch an wie ein Detektiv und fragt euch, was euch wichtig ist und worauf ihr gut verzichten könnt.
Was hat sich bewährt, stärkt euch und wovon möchtet ihr mehr? Und welche Bestandteile eures Lebens sind umständlich, überflüssig oder echte Energiefresser? Sortiert alles um euch herum neu. Räumt euren Alltag auf wie einen alten Dachboden und schafft damit Platz für eine klare, verlässliche Grundstruktur. Ihr profitiert von Transparenz und einfachen Abläufen, denn sie entlasten den Kopf. Schritte, die sich wiederholen und zu guten Gewohnheiten werden, helfen nicht nur dem Kind, sondern stabilisieren auch euch. Wenn ihr wisst, was wann passiert, spart ihr eine Menge Entschei-dungsenergie und braucht euch nicht ständig neu auszurichten. So entsteht innere Klarheit, die wohltut - und damit Raum für echtes Lockerlassen.

Routinen sollen nicht zwingen und zwängen, sondern dich schützen wie ein Schirm bei Gewitter und Starkregen.

Oder mit einem anderen Bild verdeutlicht - sie sind wie die unsichtbaren Knochen eines Körpers. Ohne sie würde alles in sich zusammenfallen. Sie stützen und erlauben gleichzeitig Beweglichkeit.

Geordnete Abläufe engen also nicht ein, sondern schenken euch die Kraft, Freiheit und wohltuende Gelassenheit, die ihr für euer gelingendes Leben braucht und wünscht.

Alles anders als gedacht
Nele (31) und Ida (28) liebten ihr freies Studentenleben – lange Nächte, spontane Kaffeetreffen und das Ausschlafen bis zum Mittag.
Bevor das Baby kam, nahmen sich die beiden vor, ihr gewohntes Leben so weiterzuführen, auch mit Kind. Als Sina dann geboren wurde, war plötzlich alles überwältigend neu und komplett anders. Und neben all der Liebe und Freude gab es Windeln, Stillzeiten, Einkäufe und eine täglich laufende Waschmaschine. Auch die Nächte wurden kürzer und das ganze Leben war mit einem Schlag unberechenbar.
Die kleine Sina gab den Takt an. Sie hatte Hunger, schlief in kurzen Phasen, weinte und schrie. An ausgedehnte Caféhausbesuche, Partys und andere Aktivitäten der jungen Eltern war überhaupt nicht zu denken.

Anstatt sich beim Latte macchiato mit Freunden zu treffen, sprangen sie planlos von einer Aufgabe zur nächsten, bekamen zu wenig Schlaf, wurden nervös und merkten nach einiger Zeit: **So läuft das hier nicht.** Der Wendepunkt kam, als sie beschlossen, kleine Konstanten und Zuständigkeiten einzuführen. Damit schufen sie einen Rahmen, der ihnen half, den Tag besser zu organisieren. Sie planten feste Zeiten für Mahlzeiten, kurze Pausen für jede selbst und kleine Rituale mit dem Baby. Dazu besprachen sie, wer in Zukunft welche Aufgaben übernimmt und welche Dinge sie gemeinsam erledigen wollen.

Nach wenigen Tagen stellten sie fest, wie befreiend der neue Rhythmus für sie ist. Es lief noch nicht alles glatt, dennoch schenkte er mehr Ruhe, schuf Sicherheit und ließ sogar wieder Raum für spontane Momente. Nele und Ida fühlten sich wieder handlungsfähig – Zuversicht und Gelassenheit kehrten zurück. Das übertrug sich auch auf Sina, sie wurde ruhiger.

An diesem kleinen Beispiel seht ihr, dass Ordnung und Freiheit sich nicht ausschließen, sondern miteinander harmonieren. Schafft deshalb einen klaren Rahmen für euch. Fragt euch, wo eine Neusortierung der Prioritätenliste sinnvoll und hilfreich ist. Mit der kommenden Übung seht ihr, wie viel Struktur ihr lebt.

Übung – Erkennen, wie viel Struktur ihr lebt

1. **Schätzt euren aktuellen Stand ein.**
   Wählt eine Zahl zwischen 0 und 10.
   0 steht für „sehr chaotisch, alles durcheinander" -
   10 steht für „sehr streng, zu starr".
   Findet die Zahl, die euren Alltag momentan am besten beschreibt.
2. **Nehmt zwei verschiedene Farben.**
   Markiert die IST-Zahl in einer Farbe und die WUNSCH-Zahl in einer anderen.

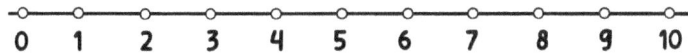

0   1   2   3   4   5   6   7   8   9   10

3. **Vergleicht beides.**
   Frag euch ganz ehrlich: Leben wir die Struktur, die wir uns wünschen und die uns guttun würde?
4. **Wenn ja**
   Gratuliere – das schaffen nur wenige. Ihr habt eine wunderbar tragende Ordnung für euch gefunden.
5. **Wenn nein**
   Überlegt euch: Was könnte euch helfen, eurer Wunsch-Zahl einen Punkt näherzukommen?
   Es geht nur um einen machbaren Step, nicht um eine komplette Veränderung.
6. **Haltet die Erkenntnisse fest.**
   Schreibt auf, was ihr verändern möchtet und geht heute den ersten Schritt.

Hat euch das Ergebnis überrascht?
Wenn ihr eine Portion mehr Struktur gebrauchen könnt, findet ihr hier Ideen, die sich in der Praxis bewährt haben und wirklich funktionieren. Aber zuvor ein Beispiel.

Ein gelassener Start in den Tag?

Euer Kind steht im Schlafanzug neben eurem Bett und du erwachst verwundert: Wieso ist es eigentlich schon so hell? Ein Blick auf die Uhr und du springst erschrocken aus dem Bett. Im Halbschlaf hast du den Wecker ausgestellt – nur fünf Minuten, war der Plan - und jetzt ist es fast zu spät. Schnell ins Bad, dann das Outfit zusammensuchen, das Kind trödelt beim Anziehen. Flink noch einen Happen essen - doch das Brot ist alle und das Kleine protestiert beim vorgesetzten Müsli. Es beginnt zu weinen, die Zeit drängt und der Tee kippt um. Zwischen Trösten und Aufwischen macht ihr euch auf die Suche nach dem Impfausweis. Dann ist die Trinkflasche unauffindbar, die Mütze ist weg und der Bus fährt in 7 Minuten. Es regnet in Strömen, ihr legt einen Sprint zur Haltestelle ein, schiebt euch gerade noch durch die sich schließende Tür. Alle Plätze sind besetzt. Schwitzend steht ihr die 6 Stationen bis zur Kita und die Kastanien, die ihr fürs Basteln gesammelt habt, liegen zu Hause. Gestresst beginnt euer Tag.

Ihr kennt diese Begebenheit vermutlich in einer ähnlichen Variante und der Puls steigt schon beim Lesen. Klar, kann man mal verschlafen und klar, dürfen auch Trinkflasche und Mütze weg sein, Regensachen und Kastanien vergessen werden. Das passiert.
Wenn aber jeder Morgen eher einem Improtheater gleicht, überlegt euch, ob ihr die nächsten Jahre in diesem Stress verbringen möchtet.

Morgendliche Hektik kostet Nerven – besonders, wenn ihr pünktlich an bestimmten Orten sein müsst. Aber vieles wird leichter mit etwas Vorbereitung und einer einfachen, gut durchdachten **Morgenroutine**. Ihr spart Zeit und beginnt euren Tag deutlich entspannter.

Probiert diese Anregung für ein bis zwei Wochen aus.
- **Steht 15 Minuten eher auf**
  Wenn ihr es schafft, 15 Minuten vor den Kindern aufzustehen, könnt ihr den Tag ruhig beginnen. Nutzt diese Zeit für euch, um eine Tasse Kaffee zu trinken, ungestört zu duschen oder euch die Aufgaben für den Tag klar zu machen, bevor der Trubel beginnt.
  Ich weiß, dass ihr lieber länger im warmen Bett wärt, dennoch werden euch diese Minuten erden.

- **Morgenroutine fürs Kind**
  Mit einer klaren Morgenroutine können auch schon kleine Kinder viel leichter verstehen, was als nächstes kommt. Und das hilft euch, den Tag gelassen und fröhlich zu beginnen.
  Führt deshalb einfache, wiederkehrende Abläufe ein, die euch durch den Morgen tragen.

  Ganz leicht geht es so:
  Aufstehen, das Kuscheltier begrüßen, Zähne putzen, Haare kämmen, Anziehen, eine Kerze anzünden, gemeinsam frühstücken, zur Toilette gehen, fertigmachen und dann das Haus verlassen.

Tipp
Ihr könnt den Ablauf mit wenigen einfachen Strichen aufmalen. Kleine Bilder helfen Kindern, die Reihenfolge auch visuell zu erfassen und umzusetzten.
Ihr werdet sehen, es lebt sich leichter!

- **Morgenkiste**
  Legt alle wichtigen Dinge für den nächsten Tag, wie Jacke, Tuch, Trinkflasche und Rucksack in eine Kiste oder einen Korb an einen festen Platz.
  So habt ihr alles griffbereit und die lästige Suche vor dem morgendlichen Aufbruch entfällt.

- **Was ziehe ich morgen an?**
  Wenn Kind alt genug ist, darf es am Abend schon mithelfen, seine Kleidung für den kommenden Tag auszusuchen. Das spart enorm viel Zeit und Nerven - so geht der Morgen glatt.
  Um böse Überraschungen zu vermeiden, schaut unbedingt vorher in den Wetterbericht!

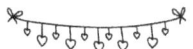

- **Die 5-Minuten-Spielzeit**
  Wenn euer Kind morgens Zeit braucht, trödelt und verträumt ist, erlaubt ihm eine Mini-Spielzeit nach dem Anziehen. Ihr könnt in dieser Zeit das Frühstück zubereiten und wenn das Glöckchen klingelt, esst ihr. Euer Aufbruch wird so leichter gelingen.

- **Plant einen Zeitpuffer ein**
  Gönnt euch zusätzliche 10 Minuten.
  Kleine Pufferzeiten nehmen den Stress, wenn etwas Unvorhergesehenes geschieht und das passiert mit Kindern eigentlich immer.

Tipp
Überlegt euch, wann ihr das Haus verlassen müsst, um entspannt in Kita und Job anzukommen. Rechnet rückwärts, wann das Frühstück beendet sein sollte, wann es beginnt und wann demnach der Wecker klingelt.

- **Findet Wege, die euren Morgen einfacher machen**
  Bestimmt gibt es ein paar Kleinigkeiten, die ihr verändern könnt, um euren Morgen mehr in den Flow zu bringen.
  Wie wäre es, wenn ihr am Abend den Tisch für das Frühstück decken würdet, schon mal den Wasserkocher befüllt, Kaffee mahlt und ein sauberes Lätzchen parat legt? Oder wenn im Flur Schuhe und Tasche schon für den Aufbruch bereit liegen würden?

 Denkt an dieser Stelle ein paar Minuten darüber nach, wie ihr euch den Start in den neuen Tag vorstellt, tauscht euch aus und schreibt es auf.
  - Wie sieht euer Wunschmorgen aus?
  - Was könnt ihr heute tun, damit es morgen ein wenig leichter geht?
  - Findet einige Handgriffe, die ihn angenehmer und friedlich zu machen.

Tipp
Verzagt nicht, wenn es nicht gleich bei den ersten Versuchen glückt und gebt euch Zeit für die Umstellung.

Entspannte Nachmittags- und Abendabläufe

So wie der Tagesbeginn seinen Rhythmus braucht, werden euch auch Nachmittag und Abend mit klaren Abläufen guttun.
Nach langen Stunden in der Kita und einem fordernden Arbeitstag seid ihr am Nachmittag meist erst einmal richtig erschöpft. Da hilft eine gemütliche Pause bei der Heimkehr.
Findet bei allem, was danach anfällt und was noch zu erledigen ist, immer wieder kurze Ruhepunkte - denn Nachmittage neigen dazu, unübersichtlich zu werden.
Gegen Abend können auch mal die Kräfte schwinden. Da ist es gut und sinnvoll, ein Gerüst zu haben, an dem ihr euch entlanghangeln könnt.
Hier wieder einige Ideen:

- **Minuten des Ankommens**
  Genehmigt euch direkt nach dem Heimkommen eine ruhige Zeit, ohne sofort an das Erledigen der Pflichten zu gehen. Freundliche Worte, ein kleines Getränk, ein Snack und das Begrüßen von Hamster oder Kuscheltier bringen euch "back home".

- **So wird das Abendprogramm ruhiger**
  Esst rechtzeitig zu Abend. Nur dann bleibt genügend Zeit für Badewanne und Gute-Nacht-Geschichte.

Probiert verschiedene Zeiten und wählt dann aus.

- **Familien-Check-in-Runde**
  Alle erzählen, wie der Tag bisher gelaufen ist. Das ist ein gutes Update und lässt manches unausgeglichene Verhalten besser verstehen.

Wenn wir Stress in Worte fassen, verliert er seine Macht.

- **Mini-Aufräumzeit**
  Vor dem Abendessen räumen alle gemeinsam auf. Auch hier können kleine Bilder helfen, die dem Kind erklären, welche Spielsachen wohin gehören. Wenn du möchtest, stelle eine Sanduhr oder spiele als Timer ein Lied – das macht Spaß und es wird lustiger.

Hier kommen weitere Möglichkeiten, von denen ihr euch inspirieren lassen könnt. Vielleicht ist etwas Passendes dabei?

- **5-Minuten-Abend-Planung**
  Wenn das Kind im Bett liegt, schreibt drei Dinge auf, die ihr am nächsten Tag erledigen werdet. Das bringt euch Klarheit und entlastet den Kopf.

- **Routinen light**
  An sehr anspruchsvollen Tagen erledigt bei der Hausarbeit nur die absoluten Basics (z. B. Spülmaschine anstellen) – alles Weitere darf ausfallen und auf morgen oder das Wochenende vertagt werden.

- **Essenskonzept für die Woche**
  Wie findet ihr ein wöchentliches Menügerüst? Montag Pasta, Mittwoch Suppe, Freitag Eierkuchen? Innerhalb der Kategorien könnt ihr kreativ sein und wild variieren, das macht Spaß und wird nie langweilig.

- **Warmes Licht**
  Eine stimmungsvolle Lampe zum Vorlesen symbolisiert behaglich den Wechsel zur Nacht.

- **Feierabend-Signal**
  Sobald euer Kind schläft, zündet eine Kerze an oder legt Musik auf. Das markiert: Jetzt beginnt die freie Zeit.

- **Digital Detox am Abend**
  Setzt euch eine feste Uhrzeit, ab der ihr keine Mails mehr checkt oder auf Social Media surft.

Zusammenfassung

1. Familie – lebendig und bunt
Es gibt viele gleichberechtigte Familienmodelle - Hauptsache ist, dass sie von Vertrauen, Liebe und gegenseitiger Wertschätzung getragen werden.

2. Mehr Leichtigkeit im Alltag
Mit guten Gewohnheiten, sinnvollen Routinen und verständlichen Strukturen wird der Familienalltag überschaubar und entspannter.

3. Ordnung beginnt im Kopf
Sortiert euren Elternalltag. So entsteht Klarheit und mehr Raum für Leichtigkeit und bewusste Momente.

4. Freundlicher Beginn
Eine liebevoll gestaltete Morgenroutine sorgt für einen gelassenen, harmonischen Start in den Tag.

5. Geborgenheit spüren
Entspannte Nachmittage und Abende helfen, den Tag ruhig ausklingen zu lassen und Ruhe zu genießen.

> Nähe.
> Freiraum.
> So gelingt Harmonie.

Das erwartet dich in diesem Kapitel

- Gleichgewicht von Familien- und Ich-Zeit - Zeitinseln für Eltern
- Natur und Abenteuer - Geht raus in die Welt
- Kreativ sein - Gemeinsam etwas erschaffen
- Entspannungszeit am Wochenende - Kraft schöpfen und Durchatmen

Gleichgewicht von Familien- und Ich-Zeit
Zeitinseln für Eltern

Wenn das Wochenende beginnt, entsteht oft der Wunsch, vieles nachzuholen und ganz viel miteinander zu erleben. Gemeinsame Familienzeit ist wunderschön und natürlich wichtig! Jedoch muss euer Zusammensein nicht jede einzelne Minute des Tages ausfüllen. Vielleicht habt ihr Lust, etwas als Paar oder, wenn ihr mehrere Kinder habt, nur mit einem Kind zu unternehmen? Im Miteinander zu zweit wird wertvoll und verbindend euer Vertrauen gestärkt.

Haltet auch inne, um auf eure Bedürfnisse zu hören und Zeit für euch allein zu nehmen. Kümmert euch mit gutem Gewissen und mit Gelassenheit auch um euch selbst. Achtet auf die Wünsche aller und findet ein gutes Gleichgewicht zwischen Gemeinsamkeit, Solo- und Duo-Zeit. Das macht euch langfristig ausgeglichen und glücklich.

Auf den kommenden Seiten bringe ich Anregungen, die sich besonders gut am Wochenende umsetzen lassen. Wenn der Alltagtakt etwas langsamer wird, könnt ihr sie entspannt ausprobieren – und damit kleine Freiräume für euch schaffen.

- **Wechsel-Ich-Zeit**
  Am Samstagnachmittag gönnt ihr euch abwechselnd jeweils 2 Stunden nur für euch selbst – für Sport, Lesen oder einfach für einen Café-Besuch. Ihr entscheidet, ob ihr die Zeit am gleichen Tag oder wochenweise tauscht.

- **Freundschaftszeit**
  Vereinbart regelmäßige Treffen allein mit einer Freundin oder einem Freund – auch am Wochenende und selbst dann, wenn es nur zu einer kurzen Spazierrunde reicht.

- **Spielzeit für Kinder, Auszeit für Eltern**
  Organisiert eine Verabredung auf dem Spielplatz, bei der ihr euch mit anderen Eltern abwechselnd um die Kinder kümmert.
  Nehmt zu Beginn eine kurze Zeitspanne. In der gewonnenen Zeit lässt sich vielleicht Dringendes im Haushalt erledigen - oder ihr nutzt sie einfach zum Durchatmen. Das ist auch völlig ok.

- **Oma-und Opa-Zeit**
  Wenn die Großeltern ganz in der Nähe wohnen, freuen sie sich bestimmt, wenn sie Zeit allein mit dem Enkelchen verbringen können.

Überlegt gemeinsam, was für euch das Richtige ist. Möchte der Opa mit dem Kind ins Puppentheater gehen? Oder würde Oma es ins Bett bringen, damit ihr einen freien Abend habt und ein Konzert besuchen könnt?

- **Die 15-Minuten-Ruhepause**
Beide Eltern bekommen abwechselnd eine kleine Verschnaufpause nur für sich – für einen Tee mit Zeitung auf dem Sofa, einen Espresso auf dem Balkon oder mit Musik im Ohr. Sagt dem Kind Bescheid, an wen von euch es sich in den nächsten Minuten wenden kann und hängt ein Schild mit "Bitte nicht stören" an die Tür. Diese Sichtbarkeit unterstreicht, dass sich gerade jemand ausruht.

- **Noch eine Mütze Schlaf**
Die meisten Kinder sind kleine Frühaufsteher, oft zum Leidwesen ihrer müden Eltern. Gönnt euch gegenseitig eine Extra-Runde Schlaf indem ihr abends ausmacht, wer von euch die morgentliche Betreuung übernimmt.
Bitte wechselt euch ab, denn oft haben Mütter den sogenannten „Ammenschlaf" und wachen schneller auf als die Väter. Ein Ausgleich in Form eines Mittagsschläfchens ist natürlich auch ok.

- **Das Eltern-Date - Zeit für euch als Paar**
  Plant regelmäßig und bewusst, abends nach dem Zubettgehen der Kinder, Zeit für euch als Paar ein. Lasst die Aufgaben Aufgaben sein und macht Dinge, die euch erfreuen!
  Welchen Film wolltet ihr schon lange sehen? Oder möchtet ihr etwas Leckeres bestellen - nur für euch zu zweit? Wann habt ihr das letzte Mal zusammen einen Spaziergang im Mondenschein unternommen oder wart einen Cocktail trinken? Ist es Wochen her, Monate oder Jahre? Oft reicht ein kleines bisschen Organisation: Das Babyphon bei den Nachbarn oder eine App zur Überwachung – und schon öffnet sich ein Fenster nur für euch.
  Tut euch etwas Gutes.
  Regelmäßig. In kurzen Abständen.

- **Der kleine Schlafgast**
  Viele Kinder mögen es, einen Gefährten zum Übernachten einzuladen oder auch bei ihm zu schlafen. Sie erleben, wie schön Gastgeber- und Gastsein ist. Bedenkt, dass es oft einige Zeit braucht, bis es entspannt für alle wird. Bei den ersten Malen sind die Kinder oft aufgeregt und finden in der neuen Situation nicht so leicht zur Ruhe. Bleibt geduldig.
  Kleine Gäste schlafen oft ruhiger und besser, wenn sie die eigene vertraute Bettdecke mitbringen.

Natur und Abenteuer
Geht raus in die Welt

Das Wochenende ist perfekt, um gemeinsam die Natur zu erkunden. Ihr könnt entdecken, was draußen alles möglich ist, denn von Montag bis Freitag fehlt dafür oft die Zeit.

Kleine Abenteuer bringen neuen Schwung, machen den Kopf frei und tun einfach gut!

- **Outdoor-Tag**
  Bewegung und frische Luft sind für das Wohlbefinden unabdingbar. Deshalb - jeden Sonntagnachmittag geht's raus! Egal ob Waldspaziergang, Fahrradtour oder Kinderbauernhof.
  Seid neugierig und erkundet eure Gegend.

- **Abenteuer-Spaziergang mit Motto**
  Manches Kind lässt sich nur schwer ins Freie locken - und doch ist es wichtig, die eigenen 4 Wände zu verlassen und körperlich aktiv zu werden. Dieser kleine Trick hilft: Gebt dem Spaziergang ein Motto.
    - „Heute sammeln wir die schönsten Blätter."
      Ihr könnt die mitgebrachten Schätze pressen, bemalen oder zu eine Girlande fädeln und im Kinderzimmer aufhängen.

- „Wir sind Naturforscher und beobachten Tiere." Nehmt ein kleines Fernglas mit. Für Stadtkinder - auch ein Hund ist ein Tier.
  - „Wir hören uns heute an, wie die Vögel singen." Bestimmt sie oder nehmt sie auf. Malt von ihnen nach der Heimkehr ein schönes Bild.

- **Picknick**
  Warum nicht mal im Freien essen?
  Packt einen Korb mit Dingen, die ihr im Haus habt und geht in den Garten oder in einen nahegelegenen Park. Oder habt ihr Freude daran, einen Ausflug an einen See zu machen? Vielleicht sogar mit einer kleinen Feuerschale - das mögen Kinder besonders.
  Eine alte Metallschüssel oder leere Konservendose, ein Teelicht, einige kleine Holzstücke - fertig.

- **Barfuß-Pfad und Matsch-Tag**
  Eine spannende Sinneserfahrung, gerade für Kinder, ist es, barfuß über Wiesen zu laufen oder im Wald auf weichem Moos zu sitzen.
  Mit Gummistiefeln über Pfützen zu springen und ein Schiffchen darauf fahren zu lassen, wird euer Kind begeistern. Tragt alte Sachen oder Matschkleidung. Später gibt es zu Hause ein ausgiebiges Bad.

Kreativ sein
Gemeinsam etwas erschaffen

Kinder lieben es, Dinge selbst zu machen und Spaß dabei ist garantiert! Kreativ zu sein entspannt, verbindet und regt die Fantasie an. Zusammen zu werkeln, ist doppelt lustig.

- **Basteln am Samstag**
  Samtags wird gebastelt, gemalt, geklebt – vielleicht eine selbstgestaltete Karte für einen Geburtstag, ein Jahreszeitenbild oder kleine Geschenke für Freunde und Verwandte? Kinder sind stolz auf ihre Kunstwerke. Fast nebenbei lernen sie den Umgang mit Schere und Klebstoff. So werden sie geschickt beim Formen und Modellieren.
  Richtet eine kleine Galerie bei euch ein, sei es ein leeres Regal im Wohnraum oder ein Fensterbrett im Kinderzimmer und macht eure eigene (Wechsel-)Austellung. Habt ihr Lust auf eine Ausstellungseröffnung mit Tee und einem Keks?

- **Familien-Malstunde**
  Probiert auch aus, ein großes Blatt Papier auf den Boden zu legen und zusammen zu malen. Jeder darf ergänzen und mitzeichnen. Bunt und witzig.

- **Backen mit Kindern**
  Kekseteig zu rühren, Zutaten abzuwiegen und gemeinsam Brot zu kneten - das sind tolle Sachen, die den Erfahrungsschatz des Kindes vergrößern. Und am Ende gibt's eine leckere Belohnung! Wer einmal 200 Gramm Nüsse für den Kuchen geknackt und Mehl selbst gemahlen hat, wird das in Erinnerung behalten.
  Das ist etwas anderes, als einfach einen Keks aus der Packung zu nehmen, oder?

- **Fotobuch oder Familien-Tagebuch führen**
  Ihr könnt in regelmäßigen Abständen ein Foto in ein schönes Album einkleben und eine kurze Begebenheit dazu schreiben. Diese liebevolle Tradition bringt euch später rührende und interessante Rückblicke auf vergangene Tage. Kinder mögen es sehr, Babybilder von sich selbst zu betrachten. Sie staunen, wie winzig und hilflos sie waren. Und wie süß. Auch von ihren jüngeren Eltern sind sie oft sehr beeindruckt.

Mein ältester Sohn sagte einmal zu mir: „Mama, du siehst hier aus, wie eine französische Schauspielerin, die nicht erkannt werden will." Na, wenn er meint. Auf dem Foto trug ich Sonnenbrille, schob einen Kinderwagen und war sehr müde. Das weiß ich noch.

Ideen fürs Wochenende
Kraft schöpfen und Durchatmen

Das Wochenende fühlt sich oft wie ein Mix aus Erholung und Durcheinander an. Einerseits wollt ihr etwas Schönes zusammen erleben, andererseits gibt es unendlich viele Dinge zu erledigen, die in der Woche liegengeblieben sind. Und sowieso sind Wochenenden immer zu kurz!

Neben allen Unternehmungen gehören auch Momente des Innehaltens dazu – Augenblicke, in denen ihr euch sammelt und eure Akkus wieder füllt. So könnt ihr mit klarem Kopf und frischer Kraft in die nächste Woche starten.

Auch hier hilft euch ein wohltuender **Wochenend-Rahmen** Quality-Time mit der Familie und Alltagsaufgaben in Einklang zu bringen.

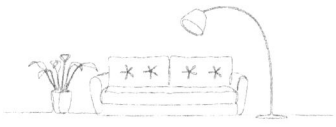

Folgende Anregungen für schöne Augenblicke in eurer freien Zeit bringen Entspannung und feine, wertvolle gemeinsame Momente. Dabei strukturieren und dehnen sie das Wochenende gleichermaßen.

- **Langsamstart am Samstag**
  Unter der Woche muss es morgens meisten flott gehen – umso angenehmer ist es, wenn das Wochenende mit mehr Ruhe startet.
  Genießt die Muße und euer Zusammensein.

- **Pyjama-Zeit**
  Warum nicht mal einen Vormittag im Schlafanzug verbringen? Spielen, chillen, lesen oder malen? Das ist besonders gemütlich, wenn es draußen regnet und wenn keine Verabredung ansteht.

- **Geschichten-Morgen**
  Statt gleich aus dem Bett zu hüpfen, könnt ihr einfach noch ein Stündchen liegenbleiben, lesen, Hörspielen lauschen oder einfach zusammen sein.
  Wer mag, bekommt sogar einen Kaffee.

- **Frühstückszeit**
  Ein gemeinsames, ausgedehntes Frühstück mit euren Lieblingsspeisen ist wunderbar. Vielleicht gibt es am Sonntag von euch kreierte Smoothies und ihr esst bei Sonnenschein auf dem Balkon?

Bei uns waren selbstgemachte Croissants sehr hoch im Kurs, am liebsten mit Schokolade oder Mandelmus gefüllt. Der Teig kam natürlich aus der Dose und man konnte, wenn man geschickt war, ca. 20 Stück daraus herstellen. Das war luxuriös, denn wer bekommt schon jeden Sonntag 4 Croissants? Auch Quarkbrötchen aus eigener Produktion in allen Varianten gehen fix, sind lecker und gesund.

- **Waffeln zum Kaffeeklatsch**
  Sie sind einfach der Hit - gern süß oder herzhaft!

- **Familienkino am Nachmittag**
  Mit Decken und Popcorn wird das Wohnzimmer zum Cinema. Denkt euch einen Namen für eurer Kino aus und malt bunte Tickets, die euer Kind dann an der Kasse „verkauft".
  Welche Filme mochtet ihr, als ihr klein wart?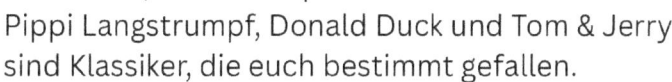
  Schwelgt ein bisschen in Nostalgie und findet einen Film, der allen Spaß macht!
  Pippi Langstrumpf, Donald Duck und Tom & Jerry sind Klassiker, die euch bestimmt gefallen.

Eure eigene Kindheit wird lebendig und ihr erfahrt erneut auf schöne Weise, was euch verbindet.

- **Sonntag als Wellness-Tag**
  Draußen ist es ungemütlich und nebelgrau?
  Da kommt ein warmes Bad mit Schaumbergen, einer Massage mit duftendem Öl oder eine selbstgemachte Gurkenmaske für alle doch gerade recht, oder?
  Mögt ihr es, zusammen zu baden oder lieber nacheinander? Kuschelt euch dann in eure Bademäntel und lasst es euch richtig gutgehen!

  Ideal ist es, wenn ein Süppchen für das Abendessen schon vorgekocht ist, dann bleibt der positive Effekt der Entspannung erhalten und ihr könnt fröhlich drauflosslöffeln.

- **Puzzeln für alle**
  Ein großes Puzzle gemeinsam zu legen und dabei Geschichten oder eure Lieblingsmusik zu hören, macht richtig gemütliche Stunden. Es verbindet euch und lässt die Zeit wie im Flug vergehen.

- **Musikabend**
  Gemeinsam könnt ihr auf dem Teppich liegen, ruhige Musik hören, mitsingen oder einfach entspannen.

- **Meditation oder Fantasiereise**
  Eine kurze Fantasiereise oder eine sanfte Atemübung hilft, den Tag ruhig ausklingen zu lassen. So finden Körper und Geist inneren Frieden, und gleiten ausgeglichen in den Abend. Eine wahre Wohltat vor dem Schlafengehen.

- **Märchenabend mit Kerzen**
  Gut abschalten könnt ihr auch, wenn ihr das Licht dimmt, Kerzen anzuzünden und Märchen oder Geschichten vorlest. „Die Bremer Stadtmusikanten", „Der gestiefelte Kater" und „Dornröschen" regen die Fantasie an und lassen farbige Welten vor unseren Augen entstehen.

- **Aus deiner Kindheit berichten**
  Kinder mögen es sehr, wenn ihr aus eurer Kindheit erzählt. Was habt ihr gespielt, und hattet ihr Haustiere? Wie sah eure Straße aus und wie habt ihr eure Geburtstage gefeiert? "Erzähl bitte von früher." hieß das bei uns.

Lasst euch von den Anregungen der letzten Seiten inspirieren und gestaltet ein Leben, das zu euch passt!

Zusammenfassung

1. Balance, die trägt
Ein gutes Gleichgewicht zwischen Familienzeit, Paarmomenten und Ich-Zeit hält euch ausgeglichen und zufrieden.

2. Unter freiem Himmel
Draußen in der Natur sammelt ihr frische Energie, stärkt euren Körper und könnt neue Abenteuer erleben.

3. Probiert euch aus
Seid gemeinsamen kreativ! Beim Basteln, Malen oder Backen könnt ihr euch ausprobieren und kleine Kunstwerke erschaffen.

4. Neue Energie schöpfen
Entspannungszeiten am Wochenende schenken euch Kraft, Gelassenheit und Spaß am Miteinander.

Hand in Hand.
Den Haushalt als Team meistern.

Das erwartet dich in diesem Kapitel

- Zuhause im Familienteam
- Bestandsaufnahme - Wo steht ihr?
- Übung - Die Liste
- Effizienter Haushalt - Arbeitsteilung, Routinen und Ideen
- Alle machen mit - So gelingt die Umsetzung mit Kindern

Zuhause im Familienteam

In diesem Abschnitt erfahrt ihr, wie ihr es schafft, den Haushaltsstress zu reduzieren und eure Wohnung in einem (einigermaßen) guten Zustand zu halten. Mit klugem Zeitmanagement organisiert ihr besser, und das, ohne euch zu überfordern.
Es geht hier einfach darum, euer Leben leichter und mit einer Portion Kreativität zu gestalten. Perfektion, Akribie und Akkuratesse gehören eher nicht dazu.
Über Mental Load habe ich im Mutterkapitel bereits ausführlich geschrieben.
Dort steht: **Ordnung beginnt im Kopf.** So ist es!
Konzentriert euch auf das Wesentliche und schafft durch mehr Struktur größere Klarheit. Auch wird das Leben leichter, wenn ihr Aufgaben Schritt für Schritt angeht, anstatt alles auf einmal zu erledigen.

Schauen wir zurück: Bei unseren Vorfahren war die Arbeitsteilung klar, die Mutter versorgte Haus und Nachwuchs, der Vater arbeitete auf dem Hof oder verdiente das Geld. Das war einmal und ich glaube, die wenigsten von uns wünschen sich diesen Zustand zurück.
In unserer jetzigen Welt hat sich so viel verändert, die Gleichberechtigung wird nicht mehr in Frage gestellt. Eigentlich sollte alles leichter gehen, aber es scheint doch anders zu sein. Schauen wir es uns an.

Bestandsaufnahme – Wo steht ihr?

Heute haben Frauen eine gute Ausbildung oder ein Studium erfolgreich abgeschlossen. Sie sind voll berufstätig und finaziell eigenständig – das ist ein großartiger Schritt in die Unabhängigkeit. Dennoch gibt es nach wie vor strukturelle Benachteiligungen: von der aktuellen Lohn- bis zur späteren Rentenlücke (Gender Pay & Pension Gap). Das sind wichtige Themen, die an anderer Stelle vertieft werden müssen. In diesem Buch geht es vorrangig um eine weitere Schieflage.

Mit dem ersten Kind verändert sich alles! Im Leben der jungen Familie, aber besonders im Leben der Mutter. Die neue wichtige Verantwortung für das Baby kommt hinzu, Prioritäten verschieben sich und sämtliche Abläufe müssen neu sortiert werden.
Plötzlich entsteht eine ganz andere Dynamik - aufregend, herausfordernd und 1000 neue Erfahrungen stürzen auf euch und auf dich als Frau herein. Du hast nun das Leben als Mutter und als Berufstätige zu managen.

Das liest sich auf dem Papier sehr leicht - die Wirklichkeit sieht jedoch oft ganz anders aus, denn Kinder haben ihren eigenen Rhythmus, sie werden unerwartet krank und das Kartenhaus aller Vorhaben stürzt ein.

Dann haben sie Phasen, wo sie anhänglicher sind und einfach mehr Nähe brauchen. Vom Haushalt und Wohnungsputz ganz zu schweigen, an allen Ecken klemmt es.

Vor der Geburt des Nachwuchses sind sich die Eltern einig: Wir teilen Verantwortung und Aufgaben gerecht. Aber wie sieht es später aus? Wer übernimmt da häufig den Löwenanteil der Organisation und Koordination des Familienlebens? Sehr oft ist es die Mutter.
Obwohl auch sie berufstätig ist, hält sie die Fäden von fast allem, was geregelt werden muss in der Hand. Sie ist Ansprechpartnerin Nummer 1, redet mit der Kindergärtnerin, pflegt kleine Patienten. Sie schreibt Einkaufslisten, besorgt Babysitter und Geburtstagsgeschenke. Sie befindet sich dauerhaft im Funktionsmodus und ihr Kopf läuft ununterbrochen auf Hochtouren. Ach, und zu alledem - gut aussehen soll und will sie auch.
Diese Zeilen sind überspitzt, na klar, und bei euch kann natürlich alles ganz anders sein. Auch gibt es Zeitabschnitte, wo es prima läuft. Ihr seid gesund, froh und die Woche funktioniert entspannt. Aber seid mal ehrlich - wie sieht bei euch die Normalität aus?

Nehmt euch nun einen Moment Zeit, zieht Bilanz und fragt euch: Wie ist es in unserer Familie? Wer übernimmt welche Aufgaben? Sind die To-do's fair verteilt? Beteiligen sich beide Elternteile gleichermaßen?

Helfen die Kinder, wenn sie alt genug sind, schon bei kleinen Dingen mit?Wenn es bei euch ausgewogen ist, bravi! Dann überspringt einfach die nächsten Zeilen.
Wenn jedoch ein Ungleichgewicht besteht, sprecht offen miteinander und findet zusammen Wege, wie Zuständigkeiten und Alltagsaufgaben gut verteilt werden können. So, dass alle ihren Beitrag leisten und gleichzeitig genug Raum für Erholung, mehr Leichtigkeit und gemeinsame Zeit bleibt.
Das Leben ist ein fließender Prozess – es ist nie nur schwarz oder weiß. Und das Schöne ist: Durch unser Sein und unser Handeln können wir jederzeit Einfluss nehmen. Eine wunderbare Aussicht, findet ihr auch?

Übung – Die Liste

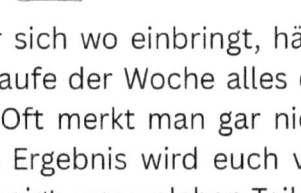

Um herauszubekommen, wer sich wo einbringt, hängt eine Liste auf, in die ihr im Laufe der Woche alles eintragt, was ihr erledigt habt. Oft merkt man gar nicht, wie viel wirklich anfällt. Das Ergebnis wird euch vielleicht überraschen. Die Liste zeigt, wer welchen Teil der Familienarbeit übernimmt und wie viel Zeit investiert wird. Dabei geht es weder um die Aufrechnung von Minuten noch um Schuldzuweisungen. Vielmehr soll sie zu erkennen helfen, wo Entlastung möglich ist. So stärkt ihr das Verständnis füreinander und findet neue Möglichkeiten, um den Familienalltag leichter zu gestalten.

Viele Aufgaben

Elli (34) und Paul (41) wollten wissen, wo ihre Zeit blieb und wie viel Arbeit im Alltag wirklich zusammenkommt – sie hängten einen Zettel an den Kühlschrank, auf den beide schrieben, was sie täglich erledigt hatten. Die Liste wurde länger und länger und nach einer Woche war sie gut gefüllt.

Essensplanung, Einkäufe, Brotdosen richten, Arzttermine vereinbaren und wahrnehmen, Müll entsorgen, Kinder zur Kita, zur Musikschule bringen und abholen, Wäsche waschen, aufhängen, T-Shirts bestellen, die Großeltern anrufen, E-mails beantworten, einen Babysitter organisieren, zum Elternabend gehen, den Staubsauger reparieren….

Am Sonntag s etzten sie sich zusammen und schauten überrascht auf das Papier. Beiden war nicht bewusst, wie viel „unsichtbare Arbeit" sie täglich leisteten – ganz nebenbei, eigentlich ohne es richtig zu bemerken.
Elli fiel auf, dass Paul oft zwischendurch kleine Dinge erledigte, die sie gar nicht wahrgenommen hatte. Und Paul staunte, wie stark Elli beansprucht ist und wie viele Fäden sie im Kopf zusammenhielt, damit der Alltag rundlief. Beide konnten ihre Annerkennung auch in Worten ausdrücken, das tat ihnen gut.

Sie fühlten sich gegenseitig gesehen und sprachen auch darüber, was ihnen schwerfällt. Sie beschlossen ein paar Dinge zu verändern: Aufgaben klarer zu verteilen, manches einfacher zu machen, einiges zu streichen. Und öfter gemeinsam hinzuschauen, bevor der Stress zu groß wird.

Elli und Paul hatten nach dieser Woche mehr Verständnis füreinander und spürten, dass Wertschätzung den Alltag deutlich harmonischer macht.
Sie fühlten, wie sehr gegenseitige Achtung verbindet und, dass ihr Familienleben dadurch entspannter werden kann.

Vielleicht geht es euch wie Elli und Paul? Mit dem Blick auf eure Aufgabenverteilung habt ihr bereits einen wichtigen Schritt getan, mit dem es euch leichter fallen wird, konkrete Lösungen zu finden.

Im kommenden Abschnitt zeige ich euch, wie ihr euren Haushalt in den Griff bekommt, schlank, übersichtlich und stressärmer zugleich.
Und wie eine gute Arbeitsteilung euch im Alltag spürbar und nachhaltig entlastet.

Effizienter Haushalt
Arbeitsteilung, Routinen und Ideen

Es ist kein Geheimnis, dass der Haushalt fordert - besonders wenn kleine Kinder da sind, die für ihr Gedeihen viel Aufmerksamkeit brauchen. Da bleibt neben der Fürsorge wenig Zeit für anderes.
Deshalb ist es überaus wichtig, dass ihr eure Abläufe im Haushalt so gestaltet, dass sie euch unterstützen und im Alltag leicht von der Hand gehen.

Ein effizienter Haushalt sollte so sein:
- **zeitsparend** - Routinen und Systeme sind so gestaltet, dass nichts doppelt gemacht wird oder zu lange dauert.
- **gut organisiert** - Dinge haben feste Plätze, Vorräte sind sinnvoll angelegt, Termine sind notiert.
- **energie- und ressourcenschonend** - Geräte, Putzmittel, Abläufe werden bewußt eingesetzt.
- **stressarm** - Jede/r weiß, welche Aufgaben sie/er übernimmt. Das bringt Klarheit und Ruhe.

Ist die Motivation da?
Jetzt gehen wir ins Detail und schauen uns an, wie ihr euren Alltag stressfreier leben und gestalten könnt – auch mit Kindern.

So sorgt ihr für mehr Struktur in eurem Lebensraum

Keine Sorge, es geht hier nicht um bürokratische Regeln oder übertriebene Ordnung. Vielleicht seid ihr früher in eurem Studentenleben ganz gut ohne System ausgekommen. Mit einer wachsenden Familie wird es jedoch Zuhause schnell unübersichtlich – und genau hier hilft euch eine kluge Herangehensweise, um den Alltag entspannter zu gestalten.

- **Alle Dinge** in Wohnung, Keller und Garage haben **einen festen Platz** und kommen nach Gebrauch wieder an diesen Ort zurück.
  Das erspart euch viel Sucherei.

- Wenn ihr merkt, dass etwas im Haus fehlt oder von einem Familienmitglied benötigt wird, kommt es sofort auf die **Einkaufsliste**, die immer griffbereit liegt. Egal, ob Salz, Strumpfhose, Zahnpasta oder Druckerpatrone. Noch mehr Übersicht bekommt ihr, wenn die Liste in Kategorien unterteilt ist.

- **First things first!**
  Erledigt wichtige Aufgaben zuerst und vermeidet, euch zu verzetteln. Mit dieser Devise legt ihr Fokus, schafft Klarheit und geht mit dem guten Gefühl durch den Tag, dass Wichtiges bereits getan ist.

Organisiert die Wohnung

Geht dabei mit der Einstellung "Weniger ist mehr" ans Werk. Ihr werdet schnell spüren, wie es euch befreit und Raum zu Atmen bringt, wenn ihr alten unnützen Ballast loswerdet.
Hier meine Liste an Empfehlungen:

- Sortiert **kaputte Dinge** aus. Sie sind überflüssig und ziehen Energie.
- Macht eine **Sperrmüllaktion** und schmeißt alles weg, was euch nervt. Das gibt Platz für Neues.
- Gebt Spielzeug, welches nicht mehr benutzt wird, eine neue Chance. Verschenkt es.
  Ihr schafft Ordung und andere freuen sich garantiert darüber. Umweltfreundlich ist es dazu.
- Entrümplt eure **Schubladen** und vermeidet, dass ihr die gleichen Dinge doppelt habt. Ein Dosenöffner reicht.
- Schafft Platz im **Schuhregal**. Welche Schuhe tragt ihr schon seit Jahren nicht mehr?
- Ihr hortete alte Schulhefte, Notizen und unbrauchbaren Papierkram? Weg damit!
- Stellt einen **Karton mit "Zu veschenken"** bei gutem Wetter an die Straße. Ihr werdet staunen, wie schnell er sich auf wundersame Weise leert.
- Wiederholt diese Aktionen euer Leben lang!

Redet miteinander

Ich bin mir sicher, dass es euer Wunsch ist, als Paar und Familie gemeinsam Verantwortung zu übernehmen. Deshalb kommt immer wieder miteinander ins Gespräch. Seid dabei wertschätzend und lösungsorientiert.
Mit wohltuenden Einstellungen und gesunden Abläufen wird euer Zusammensein wesentlich leichter und vor allem schöner und angenehmer!

Alle machen mit
So gelingt die Umsetzung mit Kindern

Ihr Eltern seid Vorbilder und zeigt euren Kindern, wie man gemeinschaftlich lebt. Darum teilt ihr Freud und Leid, Arbeit und Erholung. Damit euer Zusammenleben euch stärkt, ist es von Bedeutung, dass ihr euch gegenseitig unterstützt und helft. Und Kinder lieben es, wenn sie sich zugehörig und als Teil des Ganzen fühlen dürfen. Mit etwas Planung und liebevoller Konsequenz schafft ihr euch Freiräume für das, was wirklich zählt: mehr Gemeinsamkeit, Lebensfreude und kleine Verschnaufpausen zwischendurch.
Mit einer guten Organisation spart ihr Zeit und Energie.

Wenn doch mal alles zuviel wird, wisst ihr, dass ihr im vertrauensvollen Austausch miteinander seid. An manchen Stellen werden dann die Prioritäten neu gesetzt, um die Harmonie wieder herzustellen.
Einkaufen, Wäsche machen, Putzen - Hausarbeit ist nämlich besonders mühsam, wenn sie eine(r) alleine tut. Packen jedoch alle mit an, ist am Ende des Tages nicht nur das Zuhause aufgeräumt, sondern auch das Familiengefühl gestärkt. Damit es nicht zu endlosen Diskussionen kommt, helfen auch an dieser Stelle Klarheit und trainierte Routinen.

Lebt nach der Devise (und wiederholt mantraartig):
Wir sind ein Team und unterstützen uns gegenseitig!

- **Familien-to-do-Block – Alle machen mit!**
  Im Laufe einer Woche sammeln sich viele Aufgaben an. Schreibt sie auf und überlegt, wer was übernimmt und bis wann es getan wird. Dieser Punkt ist besonders bei älteren Kindern wichtig, damit z.B. beim Müllraustragen nicht Wochen verstreichen. Der Vorteil des Auswählens liegt klar auf der Hand - im Idealfall geht das Putzen schneller, weil jede/r motiviert ist und der Neigung Raum gegeben wird.

Es geht auch nicht darum, ob man mithilft, sondern darum, welche Aufgaben man erledigt.

Mini-Aufgaben für Kinder

Findet für die Kinder passende Aufgaben, die sie ihrem Alter entsprechend schaffen können. Damit dürfen auch sie ihren kleinen Beitrag leisten.

Lasst das Kind z.B. nach dem Einkaufen das Obst in die Schale legen, beim Wäschezusammenlegen die Socken sortieren und in den richtigen Korb ordnen.

Zeigt ihm, wie verschiedene Tätigkeiten ausgeführt werden. Seid dabei geduldig, das zahlt sich aus!

So fühlt es sich eingebunden und ihr legt einen guten Grundstein für sein späteres Mittun, denn ihr habt es als selbstverständliche Gewohnheit eingeübt.

Findet aus diesen Listen passende Aufgaben heraus:

- **Aufgaben für Kinder ab ca. 2-3 Jahren**
    - Wäsche sortieren: Helle und dunkle Wäsche trennen, das macht vielen richtig Spaß!
    - Socken zusammensuchen: Ein lustiges Spiel mit Witz und Lerneffekt.
    - Tisch decken: Besteck oder Servietten bereitlegen.
    - Spielzeug mit klarer Linie aufräumen. Alle Tiere kommen in die Kiste, alle Bücher ins Regal.
    - Einkäufe mit auspacken: Zwiebeln gehören in den Korb, Toilettenpapier ins Bad.

- **Aufgaben für Kinder ab 4-5 Jahren**
    - Auf niedrigen Flächen Staub wischen, Tisch im Wohnzimmer und Kinderzimmerregal.
    - Besteck in die Spülmaschine räumen. Bitte übt das zuerst zusammen.
    - Zimmerpflanzen gießen – das ist ideal als kleine Verantwortungsübung.
    - Beim Kochen helfen und Gemüse waschen.
    - Schuhe ordentlich hinstellen und Jacken aufhängen.
    - Sehr beliebt war bei uns das Schuheputzen.

- **Aufgaben mit Spaßfaktor (altersübergreifend)**
    - Obstsalat machen - mit einem kindgerechten Messer geht das ab ca. 4 Jahren prima.
    - Kleine Haustierpflege - Wasser für den Hund nachfüllen und den Vogel füttern.
    - Post holen und Müll in den Papierkorb bringen sind kleine Zuständigkeiten mit Bewegung.
    - Den Tisch mit Blumen und Kerze dekorieren, hier ist Kreativität gefragt!
    - Staubsaugen – viele Kinder lieben das Geräusch und das sichtbare Ergebnis.
      Praktisch ist ein kleiner Handstaubsauger.
    - Spiegel polieren, mit Sprühflasche und Tuch.
    - Waschbecken putzen wird oft sehr bervorzugt!

Tägliche Routinen statt Durcheinander

Schafft feste Abläufe und plant jeden Abend mit dem Kind 15 Minuten ein, um gemeinsam Ordnung zu schaffen – so bleibt der Haushalt überschaubar und häuft sich nicht zu einem riesigen Berg von Arbeit an.
Wenn ihr euer Kind spielerisch in den Aufräumprozess einbindet, reduziert ihr den Stress am Ende des Tages. Er klingt ruhiger aus.

Effiziente Mahlzeitenplanung

Nach dem Essen ist vor dem Essen.
Plant einige Mahlzeiten im Voraus. Eventuell könnt ihr schon am Wochenende für ein paar Tage vorkochen oder überlegen, was ihr essen werdet.
Das Zauberwort lautet **Mealprep**.
Wenn ihr abends mit den Kleinen nach Hause kommt, habt ihr weniger Mühe, weil das Essen bereits fast fertig ist und ihr wisst, was es gibt.

Einkaufserlebnis

Auch das Einkaufen mit Kindern will geübt werden und es ist prima, wenn positive Verknüpfungen stattfinden. Anstatt nur zu lernen, was ihr nicht kauft, können Kinder eine eigene kleine Liste mit Dingen bekommen, die gekauft werden. Das ist psychologisch viel geschickter.

Der kleine Helfer darf diese Lebensmittel im Supermarkt suchen und mithelfen, Obst und Gemüse abzuwiegen. Lasst ihn diese Liste vor dem Einkaufen malen, das macht Spaß.
Vielleicht darf er/sie auch schon eine Sache auswählen, aufs Band legen und allein bezahlen. Schaut dabei vorher, ob der Markt nicht zu voll ist, damit hinter euch an der Kasse kein Stau entsteht.

Tipp
Erledigt eure Einkäufe mit gefülltem Magen.
Andernfalls landen im Einkaufswagen sonst viele Dinge, die gar nicht auf der Liste stehen.
Ihr kennt das sicher: Man neigt hungrig vermehrt zu ungesunden und spontanen Käufen. Esst vor dem Einkaufen einen Apfel.

Familien-Putz-Challenge

Stellt einen Timer auf eine festgelegte Zeit. Alle räumen auf und putzen – danach trinkt ihr gemeinsam einen Kakao. Ab und zu gibt es eine kleine Belohnung, wie Seifenblasen oder ein Tattoo.

Planungs-Treff

Wenn die Kinder schon etwas älter sind, setzt euch am Sonntagabend kurz zusammen und besprecht die kommende Woche. Dafür eignet sich gut die Zeit nach dem Essen, dann seid ich sowieso versammelt.

Überlegt gemeinsam:
- Was steht in der nächsten Woche an?
- Gibt es besondere Termine oder Wünsche?
- Sollte dafür etwas besorgt werden?
- Wer übernimmt das?

Mit diesem Wissen seid ihr gut informiert und beugt Pannen und Stress vor.
Ihr schafft euch eine verlässliche Basis, auf der euer Alltag ruhiger, überschaubarer und deutlich entspannter läuft. So vermeidet ihr, dass ihr ständig „hinterherarbeitet" und könnt eure Energie für Sinnvolleres einsetzen.

Je mehr ihr euch im Alltag ergänzt, desto leichter ordnet sich euer tägliches Zusammensein - euer Familienleben gewinnt an Stabilität und Wärme.

Ihr wisst - Wir halten zusammen und sind füreinander da.

Zusammenfassung

Gemeinsame Verantwortung und ein gut organisierter Haushalt sind das A und O für mehr Leichtigkeit im Familienalltag.

1. **Seht euch als Team**
   Jedes Familienmitglied bringt sich ein, gemeinsam meistert ihr den Alltag und unterstützt euch.

2. **Gut genug ist gut**
   Verabschiedet euch von dem Gedanken, alles perfekt zu machen!

3. **Arbeitsteilung und Routinen**
   Ein gut organisierter Haushalt kostet weniger Energie und verschafft euch Freiräume.

4. **Alle machen mit**
   Findet für die Kinder kleine Aufgaben, so üben sie Verlässlichkeit und fühlen sich eingebunden.

5. **Gute Planung**
   Sie reduziert Stress und Chaos und bringt dazu mehr gemeinsame Zeit.

4

> Halt im Alltag.
> Unterstützende Ideen für
> turbulente Zeiten.

Das erwartet dich in diesem Kapitel

- So überstehst du einen vollgepackten Tag
- Wirksame Strategien für stürmische Phasen
- Übung - So managest du deine Zeit
- Kreiert euer individuelles Familienkonzept
- Übung - Euer Fahrplan für ein stimmiges Miteinander

So überstehst du einen vollgepackten Tag

Es gibt Tage, die sind einfach besonders herausfordernd, ganz gleich, wie viel Mühe du dir gibst.
Vielleicht ist dein Kind über Nacht krank geworden, du hast kaum geschlafen und bist müde. Dazu musst du organisieren, wie es heute weitergeht, einen Arzttermin buchen, Berufliches verschieben und Hühnchenbrühe kochen.
Oder der Druck im Job ist gerade besonders stark und belastet dich. Du bist im Homeoffice, es steht ein wichtiges Zoom-Meeting mit deinem Chef an und dein Kind wacht ausgerechnet an diesem Tag früher aus dem Mittagsschlaf auf. Das strengt wirklich an.
Oft kommen auch viele Aufgaben gleichzeitig auf dich zu. Der Kühlschrank ist kaputt, abends ist in der Kita Elterngespräch, ihr habt kaum noch saubere Wäsche im Schrank und das Kostüm für den Kinderfasching fehlt auch noch.
Am besten soll alles sofort erledigt werden - das laugt dich aus, du bist erschöpft.

Der Tag fordert dich auf vielen Ebenen und bringt schnell das Gefühl mit sich, in dem Strudel aus Verpflichtungen gefangen zu sein. Du fühlst dich unfähig, fremdbestimmt und eingeengt.

Um unbeschadet und mit ein wenig Abstand durch die Stunden zu kommen, ist es hilfreich für dich, kluge und schnell wirksame Strategien bei der Hand zu haben. Hier sind Schritte, die dir helfen mit Stress so umzugehen, dass du die Zügel in der Hand und die Kontrolle über deinen Tag behältst
Mit einer Atemübung, der 3 - Aufgaben - Regel, einem Perspektivwechsel, der sogenannten „Kleine Hilfe" und Mini-Pausen meisterst du auch anspruchsvolle Tage.
Mit den folgenden 6 Punkten gelingt es dir, eine bessere Übersicht zu bekommen und Ruhe zu finden.

1. Atemübungen für die erste Ruhe

Wenn wir in eine unvorhersehbare Lage geraten, bekommen wir zunächst einen Schreck.
Du kennst bestimmt den Spruch „Nun hol erstmal tief Luft und atme durch." Und genau das hilft, denn langsames Atmen beruhigt Geist und Körper. Es unterstützt dich, den aufkommenden Stress direkt zu minimieren. Teste beide Übungen.

- **Übung 1**
  Wenn du merkst, dass du unter Druck gerätst, nimm dir eine **Auszeit von 2-3 Minuten** und finde einen **stillen Ort.**

Lege die Hände auf deinen Bauch und atme gegen deine Handflächen. Atme ruhig und bewußt durch die Nase ein und durch den Mund aus. Wenn du magst, schließe dabei die Augen. Tu dies 5 - 10 x.

- **Übung 2**
  Eine schnelle Methode ist die **4 x 4 Übung**.
  4 Sekunden einatmen, 4 Sekunden die Luft anhalten, 4 Sekunden ausatmen und 4 Sekunden pausieren. Wiederhole sie einige Male.
  Diese Übung kannst du unbemerkt in Meetings und nervigen Situationen anwenden.

2. Die „3-Aufgaben-Regel"

Setze dir das Ziel, an diesem Tag nur drei wichtige Aufgaben zu erledigen, mehr nicht.
Wenn wir zu viele To-dos in unserem Kopf bewegen, können sie uns durcheinanderbringen und überwältigen.
Versuche die Dinge nacheinander, nicht neben einander in eigenen kleinen Zeitfenstern zu bearbeiten, sonst wird es chaotisch.
Mit der 3-Aufgaben - Regel behältst du die Übersicht, auch wenn du schon Stress empfindest.

Lege fest, welche Aufgaben heute Priorität haben. Das Kind in den Kindergarten bringen und abholen, die Präsentation fertigstellen?

1. **Schreibe** deine 3 Dinge auf und **nummeriere** sie mit 1. 2. 3.
2. **Konzentriere** dich heute nur darauf.

Solltest du mehr erledigen können, großartig! Dann notiere doch gerne auf den gleichen Zettel alles, was du zusätzlich noch geschafft hast. Feiere dich und klopf dir auf die Schulter. Sprich laut: „Das habe ich sehr gut gemacht!." Wie wäre es, wenn du dir heute eine kleine Belohnung gönnst?

3. Wechsle den Ort für neue Perspektiven

Wenn du gedanklich feststeckst oder eine Situation verfahren erscheint, hilft es oft schon, den Raum oder, wenn es möglich ist, den Ort zu wechseln. Das bringt Bewegung und frischen Wind.

Du kannst auch kurzzeitig eine andere Aufgabe tun, um deinen Kopf wieder freizubekommen, das Waschbecken schruppen oder die Fußmatte ausklopfen.

Ein kurzer Tapetenwechsel macht, dass du den Stress abbaust und wieder klarer denken kannst.

Tipps
- Geh für 10 Minuten nach draußen, auch bei Regen, Nebel oder Schnee. Mach einen kurzen Spaziergang.
- Setz dich in ein anderes Zimmer. Wo hast du den schönsten Ausblick? Nutze diesen Platz.
- Falls es möglich ist, gehe in ein Café und arbeite dort weiter.
- Nimm dir eine andere Aufgabe vor und kehre möglicherweise später oder morgen zur ersteren zurück.
- Stelle dir auf deinem Handy Meeresrauschen oder Vogelgesang ein, das entspannt dich zusätzlich.

4. Hilfe auf die Schnelle

Oft denken wir, dass wir alles allein schaffen müssen und kommen nicht auf die Idee, jemanden um kurzfristige Unterstützung zu bitten. Dann haben wir dieses Ich-schaffe-alles-allein-Mantra im Kopf. An einigen Tagen ist es gut, sich ein wenig anzustrengen, aber manchmal wird einfach alles zu viel

Deshalb unterscheide hier mit Selbstfürsorge und frage dich ehrlich, was noch geht und was nicht. Bitte eine vertraute Person aus deinem Haus(halt) oder Freundeskreis um eine „kleine Hilfe" – das Kind für eine halbe Stunde zu beschäftigen, damit du eine Aufgabe konzentriert erledigen, ungestört ein wichtiges Telefonat führen oder einfach mal kurz deine Gedanken ordnen kannst.

Sprich dieses Thema gerne in einer entspannten Stunde an und frage Personen gezielt, ob du sie in Ausnahmefällen um diesen Gefallen bitten darfst. Wenn dann der Punkt erreicht ist, kannst du einfach sagen: „Heute ist es soweit, ich bräuchte die kleine Hilfe."
Welche Formulierung passt zu dir?

Tipp
Du musst dich nicht sofort mit Geschenken erkenntlich zeigen, das bringt nur neuen Stress. Und ja, ein freundliches Dankeschön reicht aus. Aber vielleicht ist eine einzelne Rose oder eine schöne Praline beim nächsten oder übernächsten Treffen doch eine nette Überraschung und tolle Wertschätzung? Du kannst sogar eine Kleinigkeit auf Vorrat haben.

5. Mini-Pause nur für dich

Wenn alles zuviel wird, zieh die Notbremse und versuche kurz den Kopf zu lüften. Ein winziger Stopp kann dazu beitragen, dass du deine Gedanken ordnest und deinen Rhythmus wiederfindest.

Tipp

Setze dich für 3 Minuten in die Stille, trinke einen Tee oder iss ein Stück Schokolade, das bringt dich wieder ein wenig ins Gleichgewicht.

Es ist nur ein kleiner Break, aber er kann dir die dringend benötigte Auszeit geben, um dann ein kleines bisschen gelassener weiterzumachen.

6. Finde dein Ventil

Manchmal brauchst du keine Entspannungspause, sondern ein Ventil, um Dampf abzulassen. Das ist in Ordnung, solange niemand zu Schaden kommt und besser, als allen Ärger in sich hineinzufressen. Versuche den Kopf zu kühlen und frage dich:
- Über wen ärgerst du dich?
- Was bringt das Fass zum Überlaufen?

Wenn du das in Kürze beantworten kannst, bringe deinen Unmut an die richtige Adresse.

Vermeide das weitverbreitete "Katze treten". Oft ist es nämlich so, dass nicht der- oder diejenige unsere Wut abbekommt, zu dem oder der sie gehört, sondern wir beschimpfen das schwächste Glied in der Kette. Das ist in diesem Fall die Mieze, die einen Tritt bekommt, weil sie falsch mauzt, wenn wir die Wohnungstür öffnen. Besinne dich also.

Nun ist das Dampfablassen ja gar nicht so einfach. Wir wollen nicht ungerecht sein und explodierende Eltern sind auch kein schöner Anblick.

Die Lösung ist:
Bewege dich, bewege dich und bewege dich! Bewegung baut Stress ab.

Tipps
- Bring den Müll runter, stapfe fest auf die Treppe oder nimm jede 2.Stufe. Tue das auch, wenn der Eimer noch fast leer ist.
- Mache den Hampelmann oder springe Seil.
- Nimm den Hula-Hoop-Reifen und lass ihn kreisen.
- Boxe ins Sofa, wenn es niemand sieht.
- Schimpfe beim Staubsaugen, das hört ja keiner.
- Lüfte danach die Wohnung. So verraucht die Wut

Zusammenfassung

Auch an chaotischen Tagen kommst du mit diesen Strategien wieder mehr in deine Mitte.

1. Atme bewusst durch
Die 4x4-Atmung bringt dir Ruhe, Zentrierung und klare Gedanken.

2. Fokussiere dich
Setze 3 klare Prioritäten, behalte den Überblick und finde deine Konzentration.

3. Wechsle den Ort
Distanz, frische Luft und ein Ortswechsel schenken neue Impulse.

4. Hol dir Hilfe
Finde Unterstützung bei vertrauten Menschen.

5. Mach Mini-Pausen
Ordne deine Gedanken und schöpfe wieder Kraft.

6. Finde Ausgleich
Bewege dich, denn das baut Stress ab.

Wirksame Strategien für stürmische Phasen

Du hast nun 6 Punkte, die du umsetzten kannst, wenn mal einige Stunden aus der Reihe tanzen.
Doch es gibt auch Zeiten, da reiht sich ein stressiger Tag an den anderen. Es scheint dir, als würdest du nur noch funktionieren. Zu Hause liegt ein großer Berg unerledigter Aufgaben, dein beruflicher Terminkalender platzt aus allen Nähten und Weihnachten steht vor der Tür. Ihr kämpft mit einer Erkältungswelle, während dich Anforderungen von außen und Sorgen zusätzlich belasten. Das alles zehrt spürbar an deinen Nerven und die Kräfte schwinden. Dass das (Familien-)Leben so anstrengend sein kann, hattest du eigentlich nicht erwartet.

In energieraubenden Zeiten ist es ein Akt der Selbstliebe und ein absolutes Muss, dass du innehältst und dich fragst, was jetzt wichtig ist und was Vorrang hat.
Sei ehrlich mit dir und prüfe, ob du deine Erwartungen an dich bewusst zurückschrauben kannst. Allzu oft stellen wir viel zu hohe Ansprüche an uns. Geht die Welt unter, wenn in diesem Jahr nicht die Kekse nach Omas Rezept am ersten Advent auf dem Tisch stehen, sondern die leckeren vom Bäcker? Oder musst du wirklich die Fenster putzen, nur weil ihr Besuch erwartet? Und ist es so schlimm, wenn ihr nicht bis in den letzten Winkel Staub gewischt habt? Dreimal Nein, oder?

In dichten Lebensabschnitten – und genau in einem solchen steckst du gerade – geht es nicht darum, alles zu schaffen und jedem Anspruch gerecht zu werden. Viel wichtiger ist, dass du dich selbst nicht aus dem Blick verlierst. Es zählt, klar zu erkennen, was jetzt Priorität hat und was guten Gewissens warten darf.

Erinnere dich daran, dass Kräfte in dir wohnen – auch dann, wenn es sich im Moment nicht so anfühlt. Sei dir selbst eine gute, verständnisvolle Freundin und versuche, einen klaren Kopf zu bekommen, damit du handlungsfähig bleibst. Mach dir bewusst, was was für euch zählt und was euer Leben prägen soll. Das ist sehr individuell und nicht mit Familien aus deinem Umfeld vergleichbar. Gedanken wie „Andere schaffen das doch auch." oder „Alle bekommen das hin, nur ich nicht." sind kontraproduktiv und helfen dir nicht weiter. Sie bringen dich in eine Opferhaltung – und von dort aus ist es schwer, Lösungen zu finden. Dass sie nicht stimmen, weißt du. Befreie dich darum so schnell wie möglich aus diesem Kreislauf, sammle Mut für neue Ideen.

Vielleicht klingen in manchen Minuten auch Sätze früherer Generationen nach: „Zu meiner Zeit war das ganz anders." Natürlich war es das so. Und heute leben wir unter völlig neuen Bedingungen – mit aktuellen Herausforderungen, aber auch mit neuen Chancen.

Lilli entwirrt ihren Alltag
Lilli (37) ist Architektin und Mutter von Laura (6). Sie steht mitten in einem großen Projekt und mitten im Familienchaos. Ihr Partner Marc (41) arbeitet in einer anderen Stadt und kommt an den Wochenende nach Hause. Laura ist frisch eingeschult und wird nächste Woche sieben. Die Tage sind dicht, die Abende kurz. Zwischen Schulzetteln, E-Mails und vergessenem Turnbeutel verlieren sich Leichtigkeit und Freude.

Nach einem übervollen Tag, an dem gefühlt 100 Dinge schiefgelaufen sind und Lilli fast zur Verzweiflung gebracht haben, streicht sie ihren Plan, alles allein meistern zu wollen.
Kurzentschlossen bittet sie ihre Mutter zu Lauras Geburtstag zu kommen, sich um Kuchen und Speisen zu kümmern und als erfahrene Person im Hintergrund zu sein. Für Sonnabend plant sie mit Marc einen Großeinkauf, um Vorräte zu besorgen und die fehlenden Lebensmittel wieder aufzufüllen. Und für Laura kommt jetzt 2x in der Woche Silke, ein Mädchen der 11.Klasse, die in ihrer Straße wohnt. Beide spielen, haben Spaß und machen zusammen die Hausaufgaben.

Lillis Leben bleibt fordernd, aber es wird ruhiger. Sie spürt wieder Boden unter den Füßen – nicht, weil alles perfekt läuft, sondern weil sie Aufgaben abgeben konnte.

Doch nun ans Werk! Wenn du etwas ändern willst, bist du gefragt. Gewinne mit kleinen Schritten und klugen Strategien die Kontrolle über dein Leben zurück!
Nutze die Ideen aus dem letzten Abschnitt und kombiniere sie mit folgenden Impulsen.

1. Lege dein Ziel fest und priorisiere To-dos

🍀 Bevor du dich in den täglichen Aufgaben verlierst, halte kurz inne, überlege und schreibe auf: Was möchte ich eigentlich erreichen? Was will ich und was will nicht? Vielleicht wünschst du dir ein entspannteres Familienleben, mehr Gelassenheit im Alltag oder einfach weniger Hektik?

Wenn du deine Richtung klar vor Augen hast, gelingt dir das Sortieren und Priorisieren viel besser. Große Aufgaben werden leichter, wenn du sie in kleine, handhabbare Schritte zerlegst. Schreib auch diese Steps auf – denn alles was sichtbar ist, entlastet deinen Kopf.
So wird aus einem unüberschaubaren Berg an Arbeit eine übersichtliche Liste, mit der du peu à peu wieder Struktur und Ruhe gewinnst.
Stell dir eine Leiter vor, du nimmst Sprosse für Sprosse. Jeden Tag eine - und bald bist du oben.

Übung – So managest du deine Zeit

Nimm dir nun dein Journal und notiere zunächst alle deine Aufgaben, die dir einfallen. Wähle anschließend einen Bereich aus, der dir besonders groß und unüberschaubar erscheint, und zerlege ihn in kleine, handhabbare Schritte.
Schreibe auf, was du heute, morgen und in der kommenden Woche erledigen kannst.

Diese Vorgehensweise schafft Klarheit im Kopf und gibt dir das Gefühl, wieder einen Überblick zu bekommen. So gehst du vor:

1. **Schreibe** alle Aufgaben auf, die erledigt werden müssen.
2. Notiere neben jeder Aufgabe, **wie viel Zeit** sie voraussichtlich in Anspruch nimmt. Plane realistisch und füge einen **Puffer von mindestens 30 %** ein – oft unterschätzen wir die Dauer.
3. Entscheide, welche Aufgaben **wichtig** sind und welche verschoben werden können.
4. **Verteile sie** über die Woche und den Monat.
5. Überlege, wer dich **unterstützen** kann. Frage nach.
6. Setze ein Häkchen, sobald eine **Aufgabe erledigt** ist. Das motiviert dich und gibt Überblick.

2. Fixe und gesunde Küche

Du legst Wert auf gesunde, nährstoffreiche Mahlzeiten – das ist toll und wichtig für euer Wohlbefinden. Gleichzeitig weißt du: In stressigen Zeiten lässt sich das nicht immer perfekt umsetzen. Es reicht aber völlig, wenn du eine schnelle und trotzdem gesunde Lösung findest. Überlege dir, was für dich wirklich ein Muss ist und an welcher Stelle du vorübergehend ein bisschen flexibel sein kannst. Vermeide dennoch Zucker und fettiges Fast Food. Finde Alternativen und scheue dich nicht, diese wiederholt auf den Tisch zu bringen.

Das Netz ist voll von **Meal-Prep-Ideen** und **Essens-Hacks**. Vieles davon ist erstaunlich einfach, variantenreich, schmeckt prima und ist gesund.

Wenn es Nudeln gibt, kannst zum Beispiel **Gemüse** (Broccoli, Zucchini, Mohrrüben) ganz klein schneiden, wenige Minuten dünsten, pürieren und zur Tomatensauce geben. Der Geschmack ist mild und ihr bekommt eine Extra-Portion Vitamine. Wenn es richtig fix gehen soll, nimm tiefgefrorenes Gemüse.

Zeige deinem Kind, wie es sich ein **Müsli** selbst zubereitet, mit Apfelmus und Hafermilch geht das ganz leicht. Stell die Zutaten gut erreichbar.

Übe auch mit ihm, sich allein eine **Scheibe Brot** zu bestreichen. Das entlastet dich und schenkt ihm Selbstvertrauen.

Tipps
- Legt euch einen kleinen Vorrat an Lebensmitteln an, mit denen ihr schnell ein einfaches schmackhaftes Essen zaubern könnt. Vollkornnudeln, rote Linsen, tiefgekühlte Erbsen, Mandeln & Co.
- Besprecht gemeinsam, was euch schmeckt. Was mag das Kind und was mögt ihr?
- Packt beim nächsten Einkauf die doppelte Menge davon in den Einkaufswagen, so habt ihr ein kleines Depot.

Unser Freitagsritual
Weil ich an diesem Tag vormittags unterrichtete und keine Zeit zum Kochen hatte, brachten wir nach der Schule einen Mittagstisch vom indischen oder chinesischen Restaurant mit. Das war jedesmal eine leckere Mahlzeit und hat mich entlastet.
Das läutete bei uns das Wochenende ein.

3. Verteile Aufgaben auf mehrere Schultern

In anstrengenden Phasen solltest du nicht alles allein im Kopf haben müssen. Darum ist es wichtig, ganze Aufgabenbereiche zu delegieren, damit du dich nicht zu sehr überforderst.
Auch hier hilft wieder ein Notizblock.
Überlege, welche Dinge wirklich nur ihr erledigen und welche Aufgaben ihr abgeben könnt - oft ist das mehr, als man denkt.
Macht Abstriche, wenn etwas nicht perfekt gelingt, gut genug ist gut genug. Später, wenn wieder mehr Zeit ist, entscheidet ihr neu, wie ihr weitermacht.

Tipps
- Bittet aktiv um Hilfe und verteilt die Aufgaben auf mehrere Schultern.
- Beziehst die Kinder mit ein, auch sie sollten an der Hausarbeit beteiligt werden.
- Wenn ihr Freunde oder Familie habt, die bereit sind zu helfen, bitte sie um temporäre Unterstützung.
- Welche Vereinfachungen fallen euch noch ein? Steuerberater? Essenlieferservice? Bio-Gemüsekiste? Hausaufgabenhilfe? Wer könnte an stressigen Tagen euer Kind mit nach Hause bringen?

4. Vereinfacht die Hausarbeit

Ihr habt bereits Zuständigkeiten verteilt, das ist gut. Aber haltet doch nochmal inne und denkt über folgende Punkte nach:
- Gibt es außerdem Dinge, die zur Zeit wegfallen können?
- Welche Vereinfachungen fallen euch noch ein?

Beobachtet euch und resümiert glasklar und ehrlich. Ist es zwingend, dass abends die Blusen gebügelt werden oder dürfen sie in die Reinigung?
Wenn ihr in einer stressigen Phase seid, ist es wichtig, notwendig und erlaubt, die Hausarbeit, die ihr selbst leistest zu minimieren.

Tipps
- Kocht größere Mengen und friert das Essen portionsweise ein. Damit habt ihr immer eine schnelle Mahlzeit zur Hand.
- Konzentriert euch auf das Wesentliche.
- Legt schmutzige Kleidung direkt in den Wäschekorb.
- Vermeidet unnötige Aufgaben, die euch unter Druck setzen. Lernt „Nein" zu sagen.

5. Betreuung mit Herz

Die Kinder in guten Händen zu wissen, ist Gold wert. Es nimmt euch den Druck aus dem Tag, wenn ihr wisst, dass es ihnen gut geht. Deshalb empfehle ich euch, auch wenn das Geld knapp ist, in einen Babysitter zu investieren.

Seht diesen nicht als „Notlösung", sondern als Bereicherung, denn ein regelmäßiger Babysitter-Termin schafft feste, planbare Momente der Entlastung in eurem momentan dichtem Alltag.

Und während euer Kind neue Erfahrungen sammelt, könnt ihr diese Zeit nutzen, um euch auf Dringendes zu konzentrieren oder um Energie zu tanken.

Tipps
- Macht am besten einen festen Termin, so können sich alle Beteiligten darauf einstellen.
- Wenn ein Kind sich einmal an die freundliche Person gewöhnt hat, freut es sich meistens auf eine nette Abwechslung.
- Vielleicht gibt es ja sogar für euch Support, und die beiden bringen auf dem Rückweg vom Spielplatz kleine Einkäufe wie Obst und Gemüse mit?

Das Kind bekommt Impulse, lernt neue Spiele und andere Personen kennen. Auch erfährt es, dass Menschen verschieden reagieren. Das weitet sein Weltbild und seine soziale Kompetenz wächst. Mehr zum diesem Thema lest ihr im Abschnitt: „Finde einen verlässlichen Babysitter".

6. Behaltet Rituale und Routinen bei

In stressigen Zeiten kann der Alltag auch mal ungeordnet wirken und wird unübersichtlich. Manches gerät durcheinander oder gar aus den Fugen. Dann stabilisieren euch Routinen. Möglichst klare und vorhersehbare Tagesabläufe bieten dir, euch und den Kindern Sicherheit.

Tipps
- Bleibt, soweit es geht, bei euren bewährten Abläufen – sei es das gemeinsame Frühstück, eine kleine Pause nach der Schule oder das abendliche Buchvorlesen. Selbst wenn der restliche Tag turbulent verläuft, schafft das eine verlässliche Konstante und schenkt euch ein Gefühl von Geborgenheit.
- Nehmt euch an den Wochenenden bewußt Quality-Time. Es sind diese kostbaren Stunden und schönen Erlebnisse, die euch tragen.

7. Verliert euch selbst nicht aus dem Blick

Es passiert leicht, dass wir uns selbst in den Anforderungen des Alltags verlieren. Wir vergessen oder ignorieren unsere eigenen Bedürfnisse im Trubel der Zeit.

Das kann mal vorkommen, darf jedoch kein Dauerzustand werden! Bedenkt, dass ihr nur mit einem ausgeglichenen Energiehaushalt langfristig leistungsfähig bleibt.

Aus diesem Grund dürft, nein, müsst ihr euch unbedingt zwischendurch um euch kümmern - auch und gerade, wenn der Tag vollgepackt ist und es fast unmöglich erscheint.

Tipps
- Findet heraus, was euch Kraft schenkt. Womit ladet ihr eure Batterien auf? Ist es ein kurzes entspannendes Bad am Abend, ein kleiner Gang ums Haus oder einfach ein Telefonat mit guten Freunden, die auch anstrengende Zeiten erlebt haben?
- Schreibt ihr gern in ein Journal? Gute Idee!
- Plant „Energie-Tankstellen" bewusst ein, um Kräfte zu sammeln. Nutzt diese freudvollen Augenblicke, sie stärken eure Zuversicht.

8. Akzeptiert die momentane Situation und verbannt ein schlechtes Gewissen

Das ist leichter gesagt als getan, ich weiß. Ihr habt den Wunsch, alles so gut wie möglich zu machen und das tut ihr gerade auch, da bin ich mir sicher!

Aber in sehr stressigen Zeiten ist es wichtig, den Anspruch auf den Idealfall und absolute Kontrolle loszulassen. Macht euch bitte klar, dass vieles nicht in euren Händen liegt, so schön das auch wäre. Akzeptiert, dass nicht jeder Tag optimal ist und seid gut zu euch, auch wenn ihr das Gefühl habt, nicht alles superclever koordinieren zu können.

Akzeptiert, was ihr nicht ändern könnt, und werft das schlechte Gewissen über Bord.

Im Leben geht's eben nicht immer zu, wie in der früheren Spinatwerbung von Iglu. Und die war so:

Aus dem Leben gegriffen?
Eine strahlend weiß gekleidete, gut frisierte und bestens gelaunte Mami macht ihren lieben Kleinen (auch ganz in weiß) in einer blitzend weißen Küche eine Überraschung. Sie zaubert Spinat aus einem Topf und serviert ihn den ausgelassenen Kindern, die freudig jubeln. Die Familie ist überglücklich.

Ich weiß nicht, ob das heute bei euch so ist, bei mir lief das früher jedenfalls anders ab.

Ich erinnere mich daran, wie es mich beruhigt hat, als ich einmal abends am Telefon meiner Freundin alle Pannen des ganzen Tages aufgezählt habe und sie mit „Das kenne ich auch." geantwortet hat. Die Last auf meinen Schultern wurde plötzlich viel leichter. Nach einigen Minuten konnten wir sogar darüber lachen, denn manche Szenen waren filmreif.

Tipps
- Sprecht gut mit euch. Sätze, wie „Wir geben gerade unser Bestes." oder „Wir erkenne an, was uns heute gelungen ist." würdigen euren Einsatz.
- Übt euch in Gelassenheit und versucht es mit einer Portion Humor, wenn etwas schief geht. Das ist oft der beste Weg, um Stress zu verringern. Wenn man eine Situation mit einem Lächeln nimmt, fällt es leichter, sie nicht zu dramatisieren. Man gewinnt Abstand, wechselt die Perspektive und schützt sich dadurch.
- Es ist normal, wenn der mal Tag chatisch läuft, der Haushalt unordentlich ist und das Kind abends müde und quengelig wird. Das kennen alle Eltern. Vertraut darauf, dass es morgen wieder anders ist.

9. Sicher durch turbulente Zeiten kommen

Kinder haben sehr feine Antennen und spüren den Stress der Eltern. Stärkt euer Kind in turbulenten Zeiten, indem ihr ihm liebevoll versichert, dass Mama und Papa immer da sind, immer zurückkommen und dass ihr es liebt, auch wenn ihr wenig Zeit habt oder nervös seid. Das ist so wichtig!

Seid die verlässliche Personen, die dein Kind gerade braucht und gebt ihm die nötige Sicherheit, indem ihr Zusagen einhaltet.

Tipps
- Etabliert einfache Rettungsanker, die in stressigen Phasen Beruhigung bieten, sei es die tägliche Umarmung vor dem Schlafengehen oder das gemeinsame Lauschen eines beruhigenden oder lustigen Hörbuchs am Wochenende.
- Viele Kinder entspannen sich beim Baden. Mit Gummiente, Segelschiff und Taucherbrille fühlen sie sich im warmen Wasser wohl. Ein feiner Lavendelduft hat eine beruhigende Wirkung auf Körper und Geist.

- Habt ihr einen Familenspruch, der euch Kraft gibt? Stärkende Sätze sind: „Wir schaffen das gemeinsam!" oder „Wir halten zusammen!".
- Wie wäre es mit einem Zauberstein fürs Kind, der Kräfte verleiht und Mut schenkt? Er darf in der Hosentasche versteckt mit in die Kita wandern.
- Wenn es eurem Kind schwerfällt woanders zu bleiben, malt ihm eine kleine Katze auf die Hand oder nehmt einen Stempel. Das hilft bestimmt.
- Stellt ein schönes Foto von euch in der Wohnung gut sichtbar auf. Jedesmal, wenn ihr vorbeigeht, gibt es ein „Hallo!".

Lasst eure Fantasie spielen und findet Dinge, die für euch passen. Auch kleine Gesten sind wertvoll und haben oft eine große Wirkung.

Ein Kuscheltier für alle Fälle
Manchmal ist ein Kind krank und fühlt sich elend. Für meine Kinder hatte ich in dieser Situation ein besonderes Kuscheltier. Dieses war ein undefinierbares, aber süßes weiches Wesen, das sie mit ins Bettchen nahmen. Es hieß "Das Gesundmacherchen" und hat sehr geholfen!
Vielleicht läuft euch auch eins über den Weg?

10. Lifehacks, die euer Leben vereinfachen

- **Bestellt** Dinge, die ihr braucht, übers Internet.

- Habt einen kleinen **Vorrat** an Schulheften und Stiften ect. im Haus.

- Falls ihr es nicht schaffst, wichtige Briefe abzuheften, legt zunächst alle in eine schöne Kiste.

- Besorgt, wenn ihr einkaufen geht, einige **kleine Geschenke** (Taschendrachen, ein Buch o.ä.). Wenn das Kind zu einem Geburtstag eingeladen wird, seid ihr vorbereitet. Ein Griff in die Geschenkkiste genügt. Macht das Gleiche für eure Freunde und kauft eine hübsche Kerze oder eine schöne Handcreme.

- Hebt die **Geburtstagsdeko** auf und nutzt sie jedes Jahr. Auch Kerzen für den Kuchen brennen 3x.

- Kauft Sonnenhüte und Wintermützen **je 2x**. Sie sind immer verschwunden. Schreibt den Namen hinein.

- Füllt, wenn ihr kocht, eine **kleine Portion** der Mahlzeit in eine Dose für morgen oder friert sie ein.

- **Nehmt die zweitbeste Lösung!**

Zusammenfassung

Manchmal wird es im Alltag einfach zu viel. Dann braucht ihr einfache Strategien, die euch bis zum Abend oder bis zum nächsten Wochenende bringen. Diese Tipps unterstützen euch dabei, in turbulenten Zeiten einen kühlen Kopf zu bewahren.

1. Priorisiert Aufgaben
Zerlegt große Aufgaben in kleine Schritte und konzentriert euch auf das, was wirklich wichtig ist.

2. Vereinfacht den Essensplan
Setzt auf schnelle, gesunde Mahlzeiten und legt einen kleinen Vorrat an Lieblingslebensmitteln an.

3. Verteilt Aufgaben
Legt die To-dos im Haushalt auf mehrere Schultern, auch die Kinder dürfen eingebunden werden.

4. Minimiert die Hausarbeit
Kocht vor, reduziert unnötige Arbeiten und beschränkt euch auf das Wesentliche.

5. Babysitter als Entlastung
Ein Babysitter, der regelmäßig kommt, schafft euch wertvolle Zeitfenster.

6. Haltet Routinen aufrecht
Feste Abläufe geben euch Geborgenheit, auch wenn der Alltag stressig ist.

7. Nutzt Kraftquellen
Findet kleine Momente der Freude und gönnt euch Pausen, um neue Energie zu tanken.

8. Akzeptiert Unvollkommenheit
Seid liebevoll mit euch und erkennt, dass nicht jeder Tag perfekt sein muss.

9. Rituale für Kinder
Seid verlässlich und schafft beruhigende Rituale, die dem Kind Sicherheit geben.

10. Erleichtert euch den Alltag
Seid klug, nutzt Lifehacks und setzt auf praktische Lösungen, die Zeit sparen.

Ankommen.
Mit Optimismus
weitergehen.

Das erwartet dich in diesem Kapitel

- Kreiert euer individuelles Familienkonzept
- Übung - Euer Fahrplan für ein stimmiges Miteinander
- Resümee - Mutter in Balance

Kreiert euer individuelles Familienkonzept

Nach all den vielen Kapiteln, Inputs und Ideen könnt ihr jetzt anschauen und herausfinden, was für euch stimmig ist und was euch besonders am Herzen liegt. Ihr könnt nun euer eigenes Familienkonzept entwickeln und so gestalten, das es euren Alltag erleichtert, euch stärkt und Freude schenkt.

Jede Familie ist einzigartig – und genau deshalb gibt es kein Patentrezept für das perfekte Familienleben.

Viel wichtiger, als starre Regeln einzuhalten oder gesellschaftliche Erwartungen zu erfüllen ist es, ein Modell zu finden, das für euch und eure Familie funktioniert. Es muss nicht lupenrein durchgestylt sein – es soll sich für euch gut anfühlen! Es darf euch stärken und entlasten, euch Raum für Nähe und Freiräume für Individualität gleichermaßen lassen.

Und so wird eure Ausrichtung stimmig:
- Sie passt zu euren Bedürfnissen und zu eurer Lebenssituation.
- Sie schafft Balance zwischen Berufsleben, Familienzeit und Selbstfürsorge.
- Sie hilft, Stress zu reduzieren.
- Klare Strukturen und Absprachen erleichtern euch den Alltag.

Übung – Euer Fahrplan für ein stimmiges Miteinander

Jetzt wird es konkret! Ihr könnt die gleich zu zweit machen, oder du beginnst allein - beides ist möglich.
Setzt euch in freundlicher Atmosphäre zusammen und beantwortet diese Fragen, schreibt die Antworten auf.

1. Check-in
- Was läuft in unserer Familienalltag bereits gut?
- Wo wünschen wir uns mehr Struktur oder Entlastung?
- Welche erste Veränderung wäre eine kleine, aber spürbare Verbesserung?

2. Definiert eure Werte
- Was ist uns als Familie wichtig?
- Steht gemeinsame Zeit an erster Stelle?
- Oder sind Unabhängigkeit und Flexibilität für uns besonders bedeutsam?
- Haben wir gleiche oder ähnliche Werte und wo bestehen Unterschiede?

3. Erkennt eure Herausforderungen
- Welche Stolpersteine treten immer wieder auf. wo könnte es besser laufen? Sind es der morgendliche Stress, die Hausarbeit oder zu wenig Ruhezeiten?

4. Setzt Prioritäten.
- Findet 2–3 Dinge, die für euer Familienleben zur Zeit essenziell sind und die besondere Aufmerksamkeit verdienen. Schreibt sie auf.
- Nicht alles muss perfekt oder optimiert sein.

5. Probiert verschiedene Lösungen aus
- Nehmt alle Ideen mit in euer Kontept, eure Wünsche und Bedürfnisse und seid lösungsorientiert.
- Schreibt eure persönliche „Habenseite".
- Habt ihr Vorlieben? Könnt ihr sie berücksichtigen?
- Gibt es für die Aufgaben und Anliegen Zuständigkeiten und dürfen sie wechseln?
- Fühlt ihr euch beim Schreiben eures Modells wohl? Und seid ihr beide mit den Vereinbarungen einverstanden?

6. Bleibt flexibel
- Euer Konzept darf wachsen und sich weiterentwickeln.
- Nehmt vermeintliche Niederlagen mit Humor – life happens.
- Kinder wachsen und Bedürfnisse wandeln sich – passt euer Modell regelmäßig an.

Seid offen für Veränderungen, denn das Leben ist ein Fließen!

Zusammenfassung

Nach all den vielen Ideen und Impulsen ist jetzt der richtige Moment, euer Familienkonzept klarer zu fassen. Diese Kernpunkte helfen euch dabei:

1. Findet euren eigenen Weg
Ein gutes Familienleben folgt keinem Standardmodell, sondern entsteht aus dem, was zu euch passt.

2. Klärt Werte und Herausforderungen
Wenn ihr wisst, was euch wichtig ist und was euch regelmäßig fordert, könnt ihr passende Lösungen entwickeln.

3. Setzt auf einfache und praktikable Schritte
Kleine realistische Veränderungen entlasten euch spürbar im Alltag.

4. Bleibt flexibel
Nicht alles klappt sofort – mit Gelassenheit und ein wenig Humor geht vieles leichter.

5. Lasst Raum für Wachstum
Eure Familie entwickelt sich, euer Konzept darf das auch. Perfektion ist kein Ziel, Wohlbefinden schon.

Resümee – Mutter in Balance

An dieser Stelle schließt das Buch – und dein persönlicher Weg geht weiter.
Du hast nun viele Ideen und Anregungen sammeln können, die dir und euch helfen, Schritt für Schritt umzusetzen, was dir selbst, deinem Kind und euch im Familienalltag gut tut.
Kehre zu einzelnen Kapiteln zurück, wann immer es für dich passt. Nimm dir bewusst Zeit für die Übungen und Reflexionsseiten – sie unterstützen dich dabei, Erkenntnisse zu vertiefen und nachhaltig mitzunehmen.

Beim Schreiben habe ich gemerkt, wie umfassend es ist, eine Mutter in Balance zu halten oder zu bringen. Das Buch wurde länger und länger und da nicht alle wichtigen Themen in diesem Ratgeber Platz fanden, warten nun einige Kapitel geduldig in der Schublade. Es sind Bereiche, wie „Gelingende Kommunikation in der Familie", „So lernt ein Kind allein zu spielen" und „Finanzielle Absicherung für Mütter". Diese veröffentliche ich zu einem späteren Zeitpunkt und ein passendes Workbook ist auch schon in Arbeit.
Wenn du weitere Fragen hast, können wir gern persönlich miteinander in Kontakt kommen, schreib mich gerne an.

Doch nun: Vertraue deinem inneren Kompass! Er wird dich führen – zu mehr Ausgeglichenheit, Harmonie und Frieden, zu Momenten, die dein Herz leicht machen, und zu einem Alltag, der euch als Familie stärkt. Und wenn es mal anders läuft, als du es dir wünschst, kannst du wissen, dass auch diese Phase vorrübergeht und dass Wandel möglich ist.

Das Leben ist ein schöner Fluß, an dem es nie langweilig wird. Ich bin mir sicher, du wirst von jetzt an euer Familienboot mit deinem neuen Wissen souverän durch alle sonnigen Tage und durch die Stürme lenken.

Ich wünsche dir, dass du mit mehr Mut, Klarheit und Leichtigkeit durch euren Familienalltag gehst – selbstbewusst und aufrecht. Mit der inneren Ausrichtung und dem sicheren Gespür für das, was für dich bedeutend ist, was euch Freude schenkt und trägt.

Ein zuversichtliches Leben und alles Gute für dich und deine Familie wünscht dir
Babette

Für alle, die mich begleitet haben

Mein Dank gilt allen, die mich bei der Entstehung dieses Buches unterstützt, inspiriert und motiviert haben.
Ganz herzlich bedanken möchte ich mich bei meiner Familie, denn ohne euch wäre es nie erschienen.

Danke an meine Freundinnen und Freunde. Ihr habt mich gestärkt und mir Mut gemacht.
Besonders erwähnen möchte ich Uta, Alexander und Doreen. Mit euren Impulsen und Ideen habt ihr mich wunderbar bereichert.

Ein Extra-Dankeschön geht an Günther. Du hast mir in unseren vielen Gesprächen geholfen, mich zu reflektieren und innere Klarheit zu finden. Und du hast mir beim Schreiben dieses Buches unterstützend und unablässig wohlwollend zur Seite gestanden.

www.ingramcontent.com/pod-product-compliance
Lightning Source LLC
Chambersburg PA
CBHW051555230426
43668CB00013B/1864